幸運が舞い込む浄化・邪気除け生活

「スマホ風水」は最強の開運法

富士川碧砂
Fujikawa Misa

さくら舎

はじめに

「あの人と話をすると、いつもぐったり疲れる」

「人がたくさんいるところに行くと、具合が悪くなる」

「あの部屋に入ったとたん、なんか体が冷えてゾクっとする」

そんな経験、ありませんか？

それ、邪気がついています。

わたしたちが生活している中に邪気はたくさん存在しています。そして、あなたに取り憑《つ》いているのです。

そんなことを言われたら、心霊番組のようで怖いですよね？

では、邪気って、何でしょう？

悪い霊、幽霊のように思われますか？

もちろん、邪悪な霊の場合もありますが、わたしが考える邪気は、霊だけではありません。

それはマイナスの想念が、「気」というものになっているもの。形はありませんが、わたしは物質と同じようにこの世に存在しているものと捉えています。

わたしは、オーラ透視という方法で、お客さまを鑑定しています。よく聞かれるのは、「オーラ透視って何ですか？」ということです。

霊視と思われる方、また、オーラの色が見えるものと思われる方が多いのですが、わたしのオーラ透視はちょっと違います。

「その方の潜在意識に刻まれた情報」とわたしは名付けています。

つまり、その方の心の奥底にある想念のエネルギーです。

強い記憶、トラウマ、本当にやりたいこと、親との関係、その人に悪意を持つ人。実にさまざまな情報が、まるで絵のようにわたしにはみえてきます。

多くの方を鑑定して、わたしは、念というのは、まるで物質のように存在して、それがマイナスのエネルギーだった場合には、より強くその人に影響を与えていることがわかりました。

自分自身の潜在意識にある念のエネルギーであることも、他人からの念がついていることもあります。

亡くなった人の念が肉体を離れて残っていることもあります。また、物や場所についている場合もあります。

この念のエネルギーは、とても細かい粒子を持った、波動のようなものです。

だから簡単に人や物や場所に染みこんで、影響を与えているのです。

鑑定でこんなお客さまがいらっしゃいました。

若く美しい女性でしたが、なぜか恋愛をしても、いざ結婚となるとトラブルが起きてダメになると言います。

オーラ透視をすると、その女性の肩のあたりに、父親のような黒い影がついていて、暴力をふるっているビジョンが見えました。

この方は、子どもの頃に受けた心の傷のため「男の人が怖い」「結婚は不幸せの道」という思いが消えず、結婚のチャンスが目の前に来ると「壊したい」という心の奥底の願望が現実化してしまうのです。

この方には、トラウマを浄化し、書き換える方法を実践していただき、今はとても幸せな結婚をされています。

また、こんな方もいらっしゃいました。能力があるのに、会社で怒られてばかりのその男性には、腕のところに上司の黒い存在が、重い荷物のようにぶら下がっていました。

その上司の「無能だ」「何でこんなことできないんだ！」という呪いの言葉で、身がすくんで実力を発揮できない状態でした。

腕は、オーラ透視では仕事の状態や、やる気、実力などを表します。

この男性には、腕を中心に浄化のワークを実践していただきました。その後、国家資格をいくつも取得。会社でも認められるようになりました。後からお聞きしたのですが、家庭でも奥さまに怒られてばかりで、ＤＶも受けていたそうです。浄化により、その奥さまは激変し、お子さまも生まれて幸せな生活を送られています。

「運がよくなりたい」

誰もが願うことですが、運を引き寄せることを、自分についている邪気が邪魔していたら、前には進めません。

よく、開運はクローゼットのお片付けに例えられます。

クローゼットの中に、もう着ない服、必要のない服がそのまま入っていたら、パンパンになって新しい洋服をかけるスペースがありません。

お片付けして、整理すると、そこにスペースが生まれます。

そのスペースを作る作業が「浄化」なのです。

空いたスペースには新しいプラスの運気を入れることができますよね。

それが運の循環を生みます。いつも自分の周りのエネルギーをフレッシュな生き生きとしたものにするために、マイナスエネルギーを浄化して、新しいプラスのエネルギーに変換していく。これが「開運のサイクル」なのです。

さて、お片付けをもう一度イメージしてください。

年末の大掃除で、きれいにお片付けしたら、その一度の大掃除で、きれいな状態はずっと続くでしょうか？

また、１か月もすると埃《ほこり》が溜まってきますよね。

一度に大掃除することも大切です。でも、毎日食器を洗ったり、洗濯をしたり、日々の暮らしの中でお片付けの習慣を持つことはもっと大切です。


この本では、そんな日々の暮らしの中で自分を浄化する習慣をご紹介します。

そして、大掃除にあたる、風水などによる浄化もご紹介します。

また、現代の風水ともいえる、わたしがオリジナルに作りあげた開運法「スマホ風水」による浄化もご紹介します。

あなたができることから、浄化の暮らしを始めてみてください。

「難しいのでは？」

「面倒くさそう」

と思われますか？

とんでもありません。

わたしたち日本人ほど、邪気除け、浄化を重要に思い、暮らしの中に取り入れてきた民族は他にありません。

家に帰れば、靴を脱ぎ、まずお風呂で汗を流してから夕食を食べる。

これは、日本人が、外と内（家）の世界をはっきりと分けて、外でもらってきた邪気を家の中に持ち込まないという精神です。

神社やお寺にお参りするときは、手水舎《ちょうずや》で、手と口をゆすぎます。まず浄化してから、聖地に足を踏み入れるのです。

わたしは世界各地のパワースポットを訪れてきましたが、このような風習は日本に特有のものです。

また、昔の人は、季節の衣替えを決まった日に行っていました。

着物に悪い虫がつかないように虫干しをしてからきちんとたたみ、引き出しに入れて、次のシーズンまで保管します。これは衣服についた邪気の浄化です。

また、日本の道具は、ほとんどが呪術の道具としての側面を持っていました。

風鈴は、窓から入る邪気を除ける最強のアイテム。

うちわは、自分の周りのマイナスエネルギーを払うもの。

針供養や、包丁塚など、日本人は、物にも念があるとして扱ってきたのです。

現代には残っていない風習もあります。でも、わたしたちの潜在意識には、個人としての情報のもっと奥深くに、日本人としてのDNAの情報が刻まれています。

だから、浄化は、とても馴染みの良い衣服のように、わたしたち日本人にはフィットするのです。

これからご紹介する浄化法は、「え？　そんな普通のこと？」と思うものもたくさんあるかもしれません。

でも、浄化という意識を持って行うことで、その力は倍増され、現実を変えます。

また、もう一つ、わたしがお伝えしたいのは、「浄化」には、もうワンランク上の意味があるということです。

それは漢字のとおり、浄めて、化けさせるということ。

わたしたちが生きている世界に邪気はうようよしています。

それを払う、除けるだけでなく、「浄めてプラスのエネルギーに化けさせる」という考えも持ってほしいのです。

日本の神社や仏閣には、怨霊《おんりょう》を鎮めるためのものがいくつもあります。菅原道真公や平将門は、非業の死をとげました。その後、疫病や災害が起こり、時の天皇は、その魂を神としてお祀りすることで鎮めようとしました。その結果、さまざまなトラブルが解決し、今に至るまで多くの人の信仰を集めています。

また、仏教では、ダキニ天や大黒天など、インドにいた頃は悪神《あくじん》として恐れられる存在だった神さまもいらっしゃいます。

仏教に帰依《きえ》したことで、むしろその強大な力をもってして、人々の願いを叶え、悟りの道へ導くといわれています。

邪気を浄化したからといって、自分の周りに嫌なことがまったく起こらなくなるわけではありません。

嫌なことが起きても、それをモチベーションに変えて、プラスのエネルギーに変えていく。邪気を払うプロセスの中で、自分の魂が磨かれていく。

そんなイメージを持っていただきたいと思っています。

それこそが、日本人が受け継いできた浄化、邪気除けの暮らし。

運をいつも新鮮な状態に循環させる暮らしなのです。

幸運が舞い込む仕組み

スペースを作る作業が「浄化」

新しいプラスの運気が入る

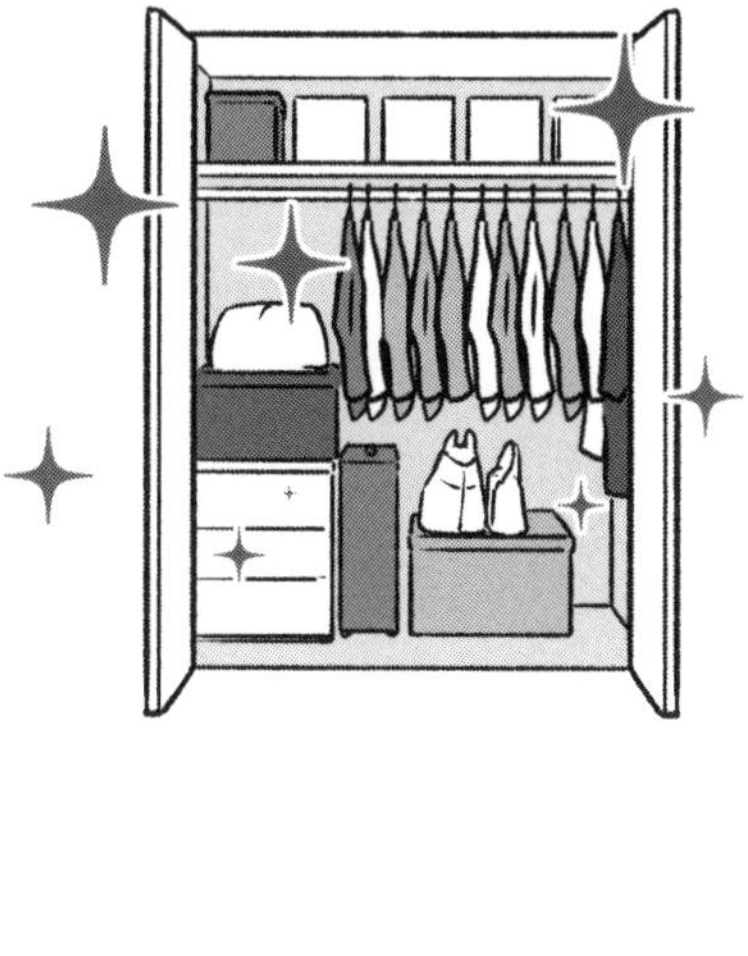

目次◆幸運が舞い込む浄化・邪気除け生活
――「スマホ風水」は最強の開運法

第1章 「スマホ風水」で運気アップの浄化～基礎編～

第2章

「スマホ風水」で運気アップ～マニュアル編～

第7章

食べ物による浄化

第8章

風水による浄化・邪気除け

第9章

邪気がつきやすい人

幸運が舞い込む浄化・邪気除け生活
――「スマホ風水」は最強の開運法

第1章

「スマホ風水」で運気アップの浄化 ～基礎編～

スマホはあなたの運勢を左右する最重要アイテム！

わたしはオーラで潜在意識をみる鑑定をしています。

その経験から潜在意識が人の運命に大きな影響を与えていることを知りました。

そして開運のために潜在意識を書き換える方法はないかと試行錯誤して生まれたものが「スマホ風水」です。

邪気は風邪の菌のようにそこらじゅうに浮遊しているもの。

わたしたちは、ふとした瞬間に侵入されてしまいます。

風邪の菌を撃退する免疫力と同じように、邪気を除けるパワーを持つものが潜在意識です。

その潜在意識の免疫力を上げるものが「スマホ風水」であるとわたしは確信しています。

浄化・邪気除けの最強対策として、まず、富士川碧砂オリジナル「スマホ風水」からご紹介していきましょう。


あなたは一日に何回スマホを見ますか？

そして、スマホの中にはあなたのどんな情報が入っていますか？

この2つの問いに、スマホがあなたの運命を大きく変える理由があるのです。

スマホの浄化・邪気除けなくして開運はありません。

まずスマホ風水のお話をする前に、「潜在意識」についてご説明したいと思います。

「潜在意識」。この言葉、あなたも一度は聞いたことがあると思います。


――意識には、顕在意識と潜在意識があり、わたしたちが把握できる「顕在意識」は氷山の一角。それは、わずか5％ほど。95％は「潜在意識」という、表層に上らない部分で、意思決定にはその「潜在意識」が大きく関わっている。「人生を変えたい」「幸運を引き寄せたい」。その願いは、この潜在意識を書き換えることで叶う――。


このようにいわれています。

では、その潜在意識って、どんなものでできているのでしょうか？

たとえば、幼い頃の親子関係。挫折体験からくるトラウマ。反対に成功体験からくる自信。習慣で構築された考え方の癖。そのような情報が潜在意識には書き込まれているといわれています。そしてあなたが何かを決定するときや行動するときに、強い影響を与えているのです。

わたしはこの潜在意識には、3つの層があると捉えています。

第一層 「生物としての本能」

潜在意識の一番深いところにある「生物としての反応」です。

たとえば、快・不快の感覚や、危険を避ける感覚、現状を維持したいと欲する感覚などです。

わたしはこの分野での専門家ではありませんが、脳科学などの学びから、この生物反応は一番強力な影響を及ぼすと考えています。

だから、「開運」は、この生物反応を無視した場合、失敗する確率が高いとして、必ず考慮することにしています。

たとえば、ダイエットを例にしましょう。運動嫌いの人が一念発起して、毎日3時間のハードなトレーニングを3か月行い、体重を減らしたとします。でも、これが一生続く人はひと握り。辛くなってやめてしまった人には、恐怖のリバウンドが待っています。

これは、ハードなトレーニングが「不快」だから。不快なものをずっと続けるのは生物として無理があるのですね。もちろんハードな運動が好きな人は大丈夫です。

でも、普段から運動の習慣がなく、しかも痩せたとたんに身体を動かすことをやめてしまう人にはこのダイエット法は適しません。ダイエットは「快」の感覚を取り入れていかなくては失敗の確率が高くなるからです。

わたしは「スマホ風水」で、４か月で17キロのダイエットに成功しました。運動はしていません。「スマホ風水」と「快」の感情を利用した楽々ダイエットです。

「早く方法を教えて！」そんな声が聞こえてきそうですね。はい、それは後ほど【マニュアル編】でお伝えしますね。

まずは、わたしたち人間が、快く、安心だと思える方法で潜在意識を変えていくこと。これが基本！　と覚えておいてくださいね。

第二層　「民族など集合体としての記憶」

これは、わたしたちで言えば、日本人の国民性や、住んでいる地域の特性などです。

この本は、浄化・邪気除けについて書いていますが、主に日本の暮らしの中にある方法をご紹介しています。

たとえば、わたしたちは、塩で浄化することは自然と受け入れることができます。それが文化に根づいているからです。

どんな成分でできているか知りませんが、聖水を浄化に使うのはいかがでしょうか？キリスト教の方でなければ、聖水をかけられても、悪霊をお払いされた気持ちにはなりにくいのではないでしょうか？

気持ちが受け入れがたい場合、結果を出すのも難しくなります。

また地域によっても浄化・邪気除けの方法は違うものです。自分のＤＮＡに染みついた慣習を利用すること。

そのほうが、潜在意識のクリアリングには大きな力を発揮します。この要素も考えて、開運法や浄化・邪気除け法も選んでいかなくてはならないと思っています。

どんなことでもそうですが、自分の心の深い部分に苦手意識があると、それがブロックとなり成功を妨げてしまうからです。

わたしの鑑定には、婚活中の方がたくさんいらっしゃいます。もちろん、自然の出会いが恋に発展すれば、それが一番です。でも婚活は作られた出会い。自然な恋愛というわけにはいきません。

そこで、その婚活の方法や出会い方に抵抗のないものを選ぶことがとても重要なのです。

婚活パーティーで出会いを求めている人が、たくさん人がいる場所が苦手だったらどうでしょう。日本人はパーティー慣れをしている人は少ないものです。パーティーという場に参加しただけで、苦手意識が発生して出会いに集中できなくなります。

メッセージのやりとりなら自分を素直に出せる方であれば、まずは、婚活アプリなどでメッセージのやりとりから始まる婚活をすすめます。

そのほうがずっと成婚率が高くなるからです。

「水に合う感覚」「違和感がなく取り組める」、これを重視しなくてはなりません。

これには、その人のバックボーンが大きく関わっているものです。

第三層「個人としての記憶」

これは、それぞれの方の持つトラウマや傾向性です。

わたしはこの個人層の情報が、オーラとしてみえるのです。本当にたくさんの方が自分の気がつかないうちに、そして自覚のないままに、この潜在意識に書き込まれた個人層の情報に人生を左右されています。

この潜在意識の第三層にある個人の情報は、オーラ透視ではどんなふうにみえるでしょうか？

お母さんからいつも「あなたはダメな子だ」と言われてきた人には、その人を覆うようにお母さんの影がみえます。そして、上から「あなたはダメな子」と言われていた様子がビジョンとして浮かびます。

でも考えてみてください。わたしの鑑定に来るときにはもう大人です。離れて暮らしていたり、和解している場合がほとんどです。

だから、「今は、もう仲良くやってます。心理的にも乗り越えています」とおっしゃいます。それではなぜわたしにそのビジョンがみえるのでしょう。

それは、潜在意識にはその情報がしっかりと書き込まれているままだからです。浄化されずに深く沈澱しているのです。

お母さんとは仲良くなっているかもしれません。でも、何かのときに、自分が自分に「わたしなんかダメだから」と否定する癖として発動してしまうのです。

潜在意識には時間は存在しません。すべての情報が「今ここ」にあります。そして、自覚がないまま、思考の癖を作っているのです。

この潜在意識の情報をクリアリング、つまり浄化すること。そして書き込まれたマイナスの情報を消す、つまり邪気除けすること。それが開運の扉を開く鍵となります。

そして、わたしはそれには、「スマホ風水」しかないと確信しているのです。

このスマホ風水は、主に個人の潜在意識を書き換えるものです。でも、第一層の生物としての潜在意識、第二層の集合体としての潜在意識に逆らわないところに、大きな強みがあります。

潜在意識を書き換える方法はたくさんあり、そのどれもが効果があります。

でも、この「スマホ風水」は、潜在意識の特性を利用して、最小の努力で最大の力を発揮します。

あなたは、努力と根性が好きですか？　努力と根性は成功のキーポイントです。

でも実は、努力と根性は、無理して行っている限り、「嫌いだけど頑張っている」という「嫌い」の部分をより強めてしまいます。

「努力も才能のうち」という言葉がありますよね。

わたしは、声優の仕事もしています。

業界最大手である「青二プロダクション」という事務所に35年所属していますが、そこには名前を言えば誰もが知っているスターがたくさん在籍しています。

そのような方々は、とにかく努力することが大好き！「芸を磨くことで頭の中がいっぱいなんだなぁ」と感じます。

スケジュールが仕事でいっぱいの中、毎年舞台に立ち続けている方もいます。演じることが大好きなんですね。

「三度の飯より好き」という言葉があります。何かで成功されている方は、そのことが他の何より好き。努力は嫌々しているわけではありません。

そこまでいかなくても、「不快」を避けて、努力せずに、「気がついたらいつのまにか開運してたー」というのが大切なのです

なぜそうなのか？　それには、この個人の潜在意識がどのように作られてきたかを知ることに答えがあります。

それでは次に、潜在意識はどう作られたかをお話ししていきましょう。

潜在意識のルール

では、潜在意識はどう作られてきたか、どのような状況で情報が書き込まれたのか、考えていきましょう。

わたしは次の４つがあげられると考えています。

①繰り返し
②強い感情を伴う体験
③抵抗できない意識状態
④五感を伴った体験

この４つを順に説明していきますね。

①繰り返し

繰り返し繰り返し、言われたこと。繰り返し繰り返し、接した体験。

これほど大きな影響を与えるものはないとわたしは考えています。

心理学的に人が親近感を抱く大きな理由に「接触回数」があると言われています。

たとえばわたしたちは、テレビコマーシャルでよく見る商品を、ついコンビニで手に取ってしまいます。また、そのコマーシャルに使われている音楽をいつのまにか好きになってしまうこと、ありますよね。

先ほどお話ししたように、小さな頃から言われている言葉に自己認識が決定されている例は、鑑定でも数えきれないほどあります。

褒められて育ったか、叱られて育ったかは、犬でさえ性格に大きな影響を与えるのです。

わたしは最近、犬を飼い始めました。ドッグトレーニングの学校で教わったのは「絶対叱らないことが、今のドッグトレーニングの主流」ということです。

そして、よくできたときにはすかさず、ものすごく褒めるのです。この褒めることを繰り返していくと、お利口さんの行動が身についていきます。

動物は本能で生きている部分が大きいですから、「快」の感情をうまく使うことで行動を導いていくのですね。

潜在意識の第一層です。わたしたち人間も動物ですから同じこと！

繰り返し繰り返し刻まれる情報。それがマイナスであれ、プラスであれ、潜在意識に情報として書き込まれ、自分の行動や意識は出来上がっていくのです。

②強い感情を伴う体験

これは主にトラウマとして潜在意識に書き込まれている場合が多いです。

お父さんとお母さんがケンカで怒鳴りあっている場面を見ながら育った女性は、結婚に良いイメージを持ちにくくなります。

そのため、なかなか結婚に踏み切れないことになってしまいます。男の人の大きな声を聞いただけで、恐怖で固まってしまう女性もいます。

学校でイジメに遭っていた人はとても繊細な傷つきやすい状態になり、人間関係の悩みを抱えやすくなります。

必要以上にマイナスに捉えたり、緊張して交流することがストレスになってしまいます。記憶は、特にネガティブな感情や体験のほうが残りやすいと言われています。体験そのものは消すことができないため、この体験に伴う感情を浄化することが必要になるのです。

③抵抗できない意識状態

テレビでよく催眠術をかけられている人を思い出してください。

「あなたは眠くなる、眠くなる……」

と言って、寝る寸前のウトウトしているときに暗示にかけられてしまいます。わたしたちは意識がはっきりしているときは、自分の意思でノーかイエスか判断できます。

でも、ウトウトしているとき、ボーっとしているとき、気づかないとき……そのような無防備な状態に暗示や洗脳にかかりやすいのです。

たとえば、朝起きたばかりのとき、夜眠る寸前、このときは潜在意識にとってはゴールデンタイム。

だから、スマホのアラームは気をつけて選曲してくださいね。火災警報が鳴るみたいな爆音で毎朝飛び起きていたら、潜在意識には恐怖感が強く書き込まれてしまいます。仕事に行くことがマイナスのイメージになってしまうのです。

スマホからメールや受信が来るときは、ボーっとしているときに突然情報がやってきます。情報が潜在意識に書き込まれやすいと知っておいてくださいね。

④五感を伴った体験

たとえば、好きだった人と同じ香水をつけた異性が傍らを通り過ぎただけで、忘れたはずの思い出がよみがえる……そんな経験ありませんか？

五感というのはご存知のとおり、視覚、聴覚、嗅覚、味覚、触覚の5つです。

五感は潜在意識に残りやすいと言われています。記憶力をアップさせるためには、記憶すべきものを画像で覚えなさいと教わった方もいらっしゃると思います。

香り、音楽、お料理、画像、肌触り……このようなものと体験が結びつくことで、潜在意識に情報が書き込まれていくのです。

スマホの場合は、音や画像などとともに情報が入ってくることが多いですね。これも潜在意識への書き込みにつながるのです。

さて、潜在意識にどのように情報が書き込まれるのか、わかっていただけましたか？　その上で「スマホ風水」は何をしたいのかというと、一言でいえば、「自己洗脳」です。洗脳というとイメージが悪いでしょうか？　「自己暗示」ですね。

人や環境に書き込まれた潜在意識の情報を自分で自分を暗示にかけることで書き換えて、浄化・邪気除けをします。

まずそのためには、敵を知らなくてはなりません。「敵を知り己れを知れば百戦危うからず」ということわざがあります。

「スマホ風水」は潜在意識を書き換える「自己暗示」の技術です。そのためには潜在意識という敵の正体を知る必要があったのです。

そこで概略ですが、潜在意識についてお話しさせていただきました。

さあ、それでは、次の段階です。「スマホ風水マニュアル編」に進んでいきましょう。

潜在意識の３つの層

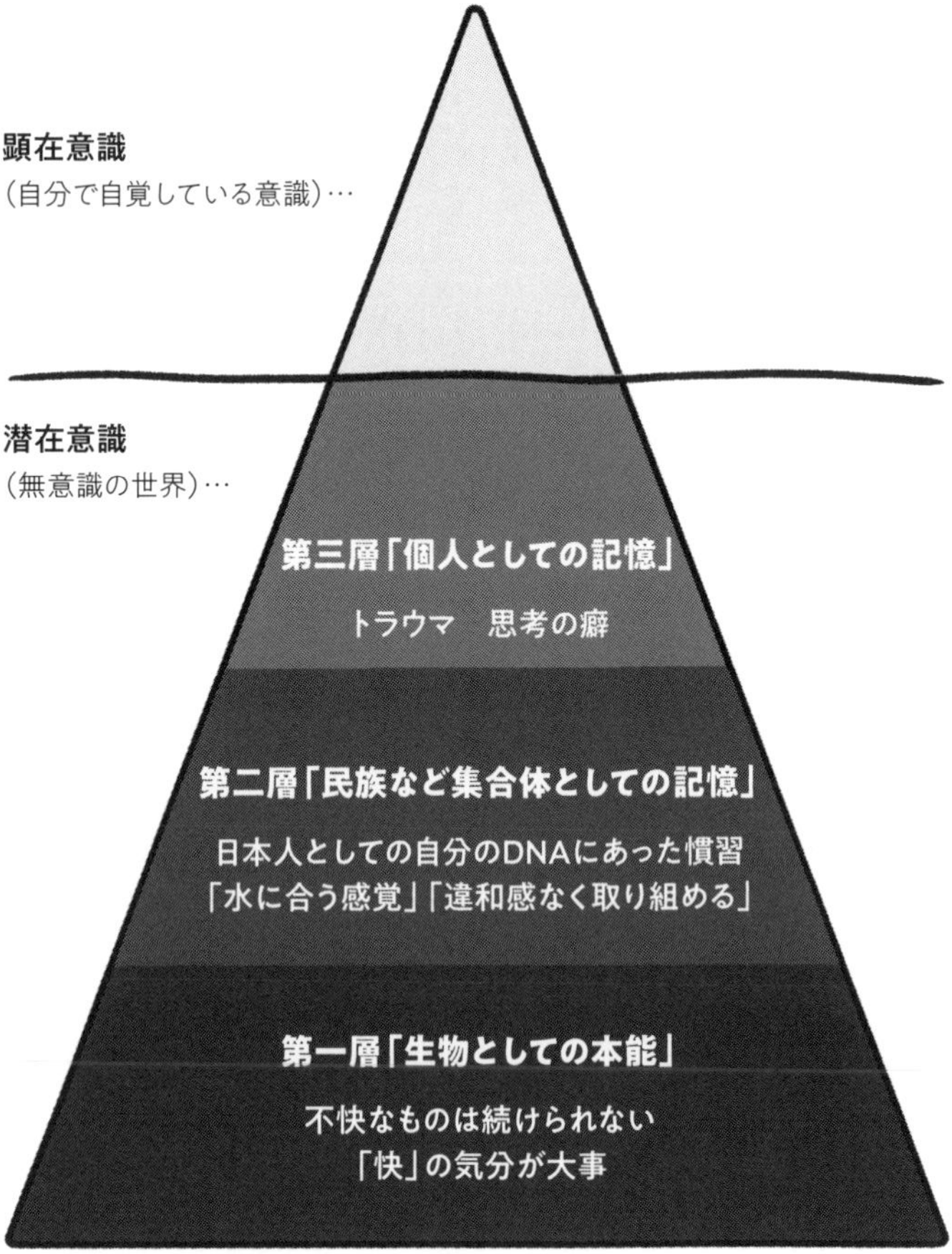

これら3つの潜在意識を考慮することが浄化をするのに大切！

第2章

「スマホ風水」で
運気アップ
～マニュアル編～

スマホはあなたの小宇宙

あなたは一日に何回スマホを見ますか?

スマホにはあなたのどんな情報が入っていますか?

そう、あなたは繰り返し何度もスマホを見ていることでしょう。そしてスマホの中には、あなたのほとんどの情報が入っています。

人間関係はアドレス帳にあります。その人たちとのお付き合いがメッセージとして残っています。

画像フォルダーにはあなたの思い出が詰まっています。仕事の連絡も、デートのお誘いも、スマホからやってきます。

スマホはあなた自身、あなたの小宇宙。だからこそ、スマホを整えることで、あなたの世界が変わってくるのです!

この「スマホ風水マニュアル編」では、いくつかのやり方をお伝えしていきますね。でも、スマホの進化とともに、「スマホ風水」も進化しています。

自由にアレンジしてくださいね。そして、スマホをあなたの最強の開運アイテムにカスタマイズしていきましょう！

「スマホカバー」

いうまでもなく、一番多く目にする部分です。このスマホカバーを自分の好みで選んでいませんか？

もったいないです。

スマホカバーは、何回も何回も見ているもの。その影響は計り知れません。あなたの理想の状態を反映させましょう。

「潜在意識のルール」で、繰り返されるもの、五感を伴うものは潜在意識に情報が強く書き込まれるとお伝えしました。

ここでもう一度、「あなたは一日に何回スマホを見ますか？」

まず目に入るものは何ですか？　スマホカバーですよね。カバーをされていない方は、スマホ本体の色を見ていることになります。

色のパワーについては、風水でも、あなたのファッションでも、重要な開運要素となります。わたしたちは、色から多くのパワーを受け取っています。

そして色にも波動があり、それに触れることで、同調していくのです。

さて、ここで質問です。あなたがブラックカラーのファッションをしているとして、それを見ているのは誰でしょう？

そう、あなた以外の方です。鏡で見ない限り、あなたの身につけている色は、あなたよりもあなたを見る人への影響のほうが強いと思ってください。

ファッションは、あなたというキャラクターをアピールしたり、邪気を除けたり、同じ波動の人を引き寄せたりするなど、大きな影響を持つ開運アイテムです。

では、スマホはどうでしょう？　そう、ほかならぬあなたが、あなたこそが、何回も何回も見ているのです。

だから、人にアピールする開運アイテムではなく、あなたにアピールする開運アイテム、あなたの潜在意識に情報を書き込む自己暗示アイテムなんです。

ほかに自己暗示力が強いアイテムは何があるでしょう……。

たとえば、名刺。「わたしはこういうものです」と差し出す名刺。あれを一番目にしているのは誰ですか？　そう、あなたです。

それを渡された人にとっては、数ある中の一枚にすぎないかもしれません。でもあなたにとっては、毎回毎回自分が見て、「こういう人です」と自分に言い聞かせているのと同じこと。自己暗示力は計り知れないものがあります。

もちろん会社の名刺は変えることはできません。だからわたしは、「願望成就しちゃった個人名刺」を、別に作ることをおすすめしています。

色、デザイン、そして肩書き（詐欺にならないもの）などなど。自分が、その願望が叶ったときに持っているイメージで名刺を作っていただいています。

スマホカバーも同じこと。好きなデザインを選ぶということは、コンフォートゾーン、つまり今の自分を維持するものを選びがち。それでは飛躍につながりません。

あなたの願いが叶ったとき、あるいは叶っている人が持っていそうなスマホカバーにしてくださいね。

次に、色のパワーを使うことは言うまでもありません。

青い皿に盛り付けた料理は食欲を失わせる。赤い下着をつけると体温が上がる。これらは科学的に証明されていること。

色は、それが持つ波長により、大きな影響をあなたの潜在意識にもたらすのです。

ここで、色の持つパワーを紹介しましょう。

「赤」
生命力、リーダーシップ能力、やる気、行動力、戦闘心、邪気除け

「ピンク」
愛され力、女性の魅力を引き出す、可愛さ、少女のような純粋性

「オレンジ」
明るさ、人懐っこさ、ポジティブシンキング、発展力、共感力

「黄色」
影響力の強さ、前向きなマインド、ブレのない自分軸、明るさ

「緑」
調整力、バランス感覚、穏やかなマインド、ストレス解消

「ブルー」

知性、判断力、決定する力、専門性、深める力、持続力

「水色」

客観性、偏りのない知性、仲間を作る力、人との適正距離を取る

「紫」

スピリチュアル能力、個性、人のことを気にしないマインド

「黒」

邪気除け、包容力、さまざまな意見をまとめる力、大人な対応

「白」

浄化力、品格、純粋性、吸収力、スピリチュアルな波動との縁

「ゴールド」

カリスマ性、影響力、オーラの力を強める、邪気除け、柔軟性

「シルバー」

知性、頭脳派のカリスマ性、ノーと言える力、邪気除けなどです。これらをベースに、模様や飾りなど、「理想の自分スマホカバー」をカスタマイズしてくださいね。

「待ち受け画像」

スマホカバーを踏まえた上で、次は、待ち受け画像です。

スマホカバーと同じく、理想の自分の待ち受け画像をセットしましょう。

スマホカバーと異なり、待ち受け画像は、より具体的なものを選ぶことができます。この特性を生かして、理想の自分が見ている景色を選ぶことをおすすめしています。

たとえば婚活中の方は、新婚旅行で行きたいビーチの画像はいかがでしょう？　いえ「行きたい」ではありませんでした。「行くことになるビーチ」です。

仕事で起業したい方は、あなたがオフィスを構えることになるオフィスビル、あるいは乗ることになる車でもいいでしょう。

あなたが願望を叶えたときに見ることになる景色。それをセッティングしていただきたいのです。

もちろん、開運力のある画像でもいいですよ！

わたしの専門である「開運和柄」もおすすめです。

婚活中の方には、鳳凰やおしどりなどの鳥の和柄。あるいは結びの和柄などがおすすめです。

金運アップには、金魚やうさぎ、また、桜の紋様がいいですよ。

起業を目指す方には、あやめや竹、梅の花、トンボも素敵です。

詳しくは、拙著『開運和柄ぬり絵』や『神さまを１００％味方にする開運和柄』を参考にしてくださいね。

また、浄化・邪気除けのアイテムや景色などの画像を使うのも効果大です。

パワースポット、塩や線香、パワーストーンなどなど。目的に合わせて待ち受け画像を登録してください。

さて、ここで「待ち受け画像がスマホのアイコンでよく見えない問題」があります。

まったく心配ありません。

わたしたちは、いつも集中して対象物を見ていますが、「周辺視野」と呼ばれる、意識にのぼっていない背景の情報はしっかり潜在意識に刻み込まれます。

むしろ潜在意識のルールから、意識していないもののほうが強く刻まれるのです。

だから、リモート会議のときなど、あなたの背景にあるものは、相手にあなたの情報として強く受けとめられるのですよ。

気をつけることも大切ですが、これを利用しない手はありませんよね？

さりげなく、あなたがアピールしたいものを背景に入れ込んでくださいね。

テレビ番組がスタジオセットに大きな予算をかけるのは、背景の情報が語りかけるものの影響の大きさを知っているのですね。

わたしは、鑑定サロンのインテリアにはとてもこだわりを持っています。

もちろん、占いが当たるかどうかが一番ですが、お客さまはわたしの語る内容を、わたしの声、わたしのルックス、そして、わたしのいる空間など総合的に受け取っています。

お客さまにお渡しする情報は、総合的に気にかけるべきだとわたしは思っているのです。

有名なミュージシャンのお客さまに、こんな言葉をいただいたことがあります。

「棚に飾られた数々の飾りものの前にいる先生の姿が大好きです」

その言葉に、あらためて自分を見るお客さまの視点のあり方を感じました。

もし、わたしの背後に、怪しげな壺などの販売物が置かれていたら、どうでしょう？　販売成績は上がるかもしれませんが、わたし自身のことは、お客さまの潜在意識にどのように刻まれるでしょうか？　答えはわかりますよね？

あなたがアピールしている自分は、あなたの性格や話す内容だけではないのです。声や香りなどの五感。背景。そのとき、そこにあるすべてのものが情報として一緒に相手に伝わります。

それと同じことが、あなたがあなた自身に情報を書き込むときにも大切なのです。気がつかないうちに目に入っているもの、それも繰り返し、繰り返し……。それこそが潜在意識に書き込まれるのです。

現代で潜在意識に刷り込まれる一番大きな情報、それは待ち受け画像ですよね？

パソコン画面も同じです。最強の自己暗示力を持つものとして、画像選びをしてくださいね。

選択ポイントは以上お話しした３つです。

①なりたい自分になったときに見える景色
②縁起の良い景色など、開運パワーのあるもの
③浄化・邪気除けパワーのあるもの

「ラッキー暗証番号」

待ち受け画像をセットしましたか？

次は、暗証番号をラッキー数字に設定してみましょう。

数字には、「数霊《かずたま》」というエネルギーがあります。

今は、顔認証を使っている方も多いと思いますが、数のエネルギーを取り入れるために、あえてお願いごとがある時期には、暗証番号を使うのもおすすめです。

それでは、一つ一つの数のエネルギーをご説明していきましょう。

「0」自由と再生の力

0は、何ものかになる前の状態です。すべてをその中に内包しています。だからこそ

何ものにもなれる可能性があるのです。自由に物事を創造するパワーを授けてくれます。

また、物事をリセットしたいときに、きっかけを作ってくれます。これまでのことをゼロに戻して、やり直したいとき、あなたに力を貸してくれる数霊です。

「1」スタートの力

これまで努力してきたこと、学んできたことを形にしたいときに、力を貸してくれる数字です。

また、誰かへの依存から脱したい人、あるいは独立したい人にもおすすめです。

目標に向かって歩み出すあなたの味方になってくれます。一歩踏み出すために背中を押してくれる数霊です。

「2」パートナーシップの力

恋愛や結婚など、パートナーを得たいときには、この数字が力を貸してくれます。

あなたにとって、向き合った関係を作る数霊ですから、仕事でのパートナーシップも円滑にしてくれます。

同性・異性問わず、人の縁をもたらす数霊です。

「3」発展の力

3は物事を強力に進ませる力を持っています。拡大、増大のパワーです。

また、協力者を得るチャンスをもたらしてくれます。

そして、妊娠・出産を望む人にも力強い味方となってくれるでしょう。人や物事を育てる力を持つ数霊です。

「4」安定をもたらす力

発展してきたものを、定着させる力を持っています。

地に足をつけた生き方をしたいときにはぴったりです。

また、築いてきたものを、より強固にするパワーがあります。この数霊は、強い自信をあなたにもたらしてくれるでしょう。

「5」守りの力

五芒星に通じ、魔を払う強力な呪術のパワーを持ちます。

ライバルとの競争に打ち勝ちたいとき、敵に攻め入られそうになったとき、あなたを守ってくれます。

また隙を作らないことが重要な場面で、あなたに注意深さを与えてくれるでしょう。あなたをがっちりと守ってくれる数霊です。

「6」調和の力

上向きと下向きの三角形を交差させたものが六芒星です。

まったく同じ考えを持つことを強要するのではなく、適切な距離でのコミュニケーションをもたらしてくれます。

また、物事をちょうど良いバランスで調整してくれます。

あなたの人間関係に光をもたらしてくれる数霊です。

「7」戦う力

7には、強力に自分を押し出していくパワーがあります。ラッキー7という言葉が私たちの潜在意識には刻まれていますので、ツキを呼ぶ数でもあります。

仕事運、出世運を応援してくれるでしょう。

また、リーダーとして、人をまとめる力を授けます。上を目指す人を引き上げてくれる数霊です。

「8」スピリチュアルな力

この数は、異界との接点の役割を持っています。見えない世界からあなたに天啓やひらめきを授けるでしょう。また、その不思議な力で邪気をはね返します。

また8は「末広がり」という考え方がわたしたち日本人の心には根付いています。コツコツ努力してきたことが報われ、花開く、進展のパワーを持っています。

見えない世界の力を借りたいとき、逆境に打ち勝ちたいとき、あなたに光をもたらす数霊です。

「9」挑戦の力

ひとつのサイクルを終えて、次のステージに行くとき、あなたに寄り添ってくれます。
また、終えること、つまり縁切りにも力を発揮します。
新しいステージで、臆することなく挑戦するポジティブシンキングを与えてくれます。
あなたをワンランクアップさせてくれる数霊です。

いかがですか？
こんなパワーが欲しいというとき、その数霊を暗証番号に使ってくださいね。
また、暗証番号を一桁になるまでプラスした数にも数霊は宿ります。

暗証番号３５４７の場合、
３＋５＋４＋７＝19↓
１＋９＝10↓
１＋０＝１

数霊は1

このように数霊を出します。

数のパワーで運気を何倍にもアップしていきましょう。

さあ、いよいよ次は、スマホの浄化・邪気除けです！

「スマホの浄化・邪気除け」

あなたのスマホの中には、あなたの人生が入っています、あなたの小宇宙です、とお伝えしました。

そして物にも念が入りますともお伝えしました。

では、あなたがスマホを浄化・邪気除けするのに、一番大切なことは何でしょう？

そう、スマホの中に入っている、マイナスの情報の削除です。

昔付き合った人が忘れられないという女性のスマホには、捨てられない一枚の画像がある確率大です。そう、元カレの画像ですね。

削除してください。

人間関係がうまくいかない場合、ＬＩＮＥやメッセージに、そのうまくいかないやりとりが残っていませんか？

削除してください。

ＬＩＮＥもメールも削除したことは相手から知られることはありません。心配いりません。

削除してください。

アドレス帳の中には、もうあなたにとって不必要なお店や人の情報が残っていませんか？

削除してください。

上司から怒られた電話の電話履歴。電話を切った後、「もう、このように怒られる学びは終わりました。ありがとうございます」と宣言して、電話履歴を、

削除してください。

スマホの中に入っているマイナスの情報は全削除です。

何かの証拠としてとっておかなければならない場合は、パソコンにデータを移行してください。

なぜなら、スマホはエネルギー体としてもあなたに入り込むからです。

あなたはスマホをどのようにして持っていますか？　手のひらですよね？

わたしは、長いこと気功の勉強をして、気功師としての資格も持っています。

気功のエネルギーをどこから入れたり出したりしていると思いますか？

手のひらの真ん中にある「労宮《ろうきゅう》」というツボです。「ハンドパワー」ですね。

ここからエネルギーの出し入れをしているのですから、マイナスの念が入りまくっているスマホをいつも握っていたらどうでしょう？

想像するだけで恐ろしいですよね。スマホの中のマイナスのエネルギーはすべてお掃除

してくださいね。

そして、スマホ自体の浄化も重要です。

あなたはどこにスマホを置いていますか？　アラームとして使っている人が多いと思います。その場合、ベッドサイドテーブルや枕元ですか？　そこは美しく整った場所でしょうか？

わたしは風水を学んだ先生から、このような教えをいただきました。

「昔の中国では、玄関から仕事の依頼をするお客さまが来ました。だからエネルギーは玄関から入ると考えたのです。風水は玄関の向きから計算して、入ってくるエネルギーをどう循環させるかを設計します。だけど今は、仕事はどこから来ますか？　パソコンやスマホですよね？　パソコンやスマホは現代の玄関。置き場所はとても重要なんです」

そう、パソコンやスマホの置き場所は、一等地と思える場所にしてください。きれいに片付けて、周りには自分の願いごとが叶うイメージを引き出すものを飾ってください。

特にスマホをアラームとして使っている場合は、潜在意識刷り込みのゴールデンタイム、つまり、朝起きがけと、夜眠る前の時間に見ることになります。スマホの置き場所は聖地。

そのくらいの意識でいてください。

　そして、疲れたスマホのエネルギーを浄化する「スマホベッド」で、スマホについたマイナスエネルギーを取ることも大切です。

　スマホベッドは、たとえば、パワーストーンのさざれを敷きつめたお皿の上や、開運和柄の敷き物の上、お気に入りの小箱の中など、工夫してくださいね。

　もうひとつおすすめなのが、スマホを、お線香やセージの葉を燃やした煙でくゆらせることです。

　パワーストーンを浄化するのと同じ方法ですね。

　それから、護摩祈祷《ごまきとう》をしているお寺などでは、ご祈祷が終わった後の炭火の上で、お財布などを煙にくゆらせて、浄化していただけますよね？

　必ず、スマホも浄化してください。お財布ももちろん大切です。でも、これからの時代、お金はスマホに入ることになります。電子マネーの時代です。またスマホの中には現金と

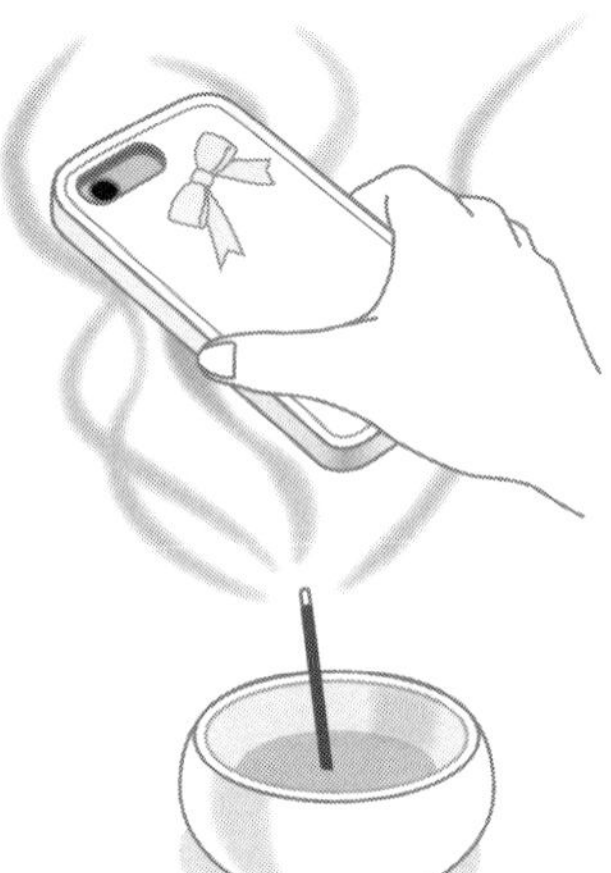

同じ価値のあるポイントが入っています。
スマホが、お財布の時代は加速していきます。
これまで「開運財布」を目指したように、「開運スマホ財布」を作っていきましょう。
それが金運アップにつながりますよ。
また、スマホにプラスの情報を入れるには、いくつかのやり方があります。
順に説明していきますね。

1 お願いアドレス

やり方は簡単！ アドレス帳の名前にあなたのお願いごとを付けるだけです。
たとえば、わたしが実践して効果大だったものをご紹介しますね。

「わたしを心から愛する夫」
「仕事をくれる○○マネージャー」
「わたしに優しい○○さん」

このような感じです。この「お願いアドレス」は、メールや電話のやりとりをひんぱんにする人であればあるほど、潜在意識ルールによって効果が大きくなります。

注意点は、一つ。「あなたが好きな夫」ではなく、「あなたを好きな夫」としてください。

これには理由があります。わたしは恋愛や結婚のご相談をたくさん受けています。なかなかうまくいかない人の多くに、一つの共通点があることに気付きました。

それは「自分が愛されるわけがない」と思っていたり、「わたしのことを愛していないから、こんなこと言うのだ」と疑いの気持ちからケンカしたり、素直になれなかったりしてしまうということです。

そして、結局はそのとおりになってしまうのです。「やっぱり、愛されてなかったんだ」という結果を引き寄せてしまいます。

「根拠のない自信」という言葉をよく聞きますよね。やはり「根拠のない自信」があるほうが、仕事も恋愛もうまくいくのです。

でも自信って、なかなか持てないですよね。わたしもそうです。そう思われないかもしれませんが、マイナス思考の固まりでした。

自分の性格と戦っても百害あって一利なし！　性格を変えようとしても、うまくいかないと、ますますマイナス思考を強めてしまいます。

そこで！　もう、おわかりですよね？　自己暗示をするのです。

相手からメールが届くたびに、電話がかかってくるたびに、

「あ、わたしを心から愛する夫からメールがきた！」

「わたしに仕事をくれる○○さんから仕事がきた！」

と潜在意識が受け取るように刷り込みをするのです。

また、この「お願いアドレス」の効果がある理由には、もう一つ心理学的な要素もあります。

あなたは「ピグマリオン効果」というのを知っていますか？　人は相手の期待に自分を合わせてしまう傾向があるというものです。

だからあなたが「夫って優しい」と心から思っていたら、夫もそれを感じとり、その期待に応えようとする確率が大きくなります。

この「お願いアドレス」は、１００％どんなお願いも、またどんな人にも効果があり、お願いが叶うわけではありません。

わたしは、夫や仕事関係で驚くべき変化がありました。その一方、交流が少ない相手だ

と、そんなに大きな変化はありませんでした。

でもたった一つ！　絶対に変わると断言できることがあります。

それはあなたのマインドの状態です。穏やかに平らになります。

当たり前ですよね。「わたしは愛されてる」「わたしは大丈夫！」と日々、自己暗示をかけているわけですから。

波動の同調のルールから、あなたのマインドの中に疑いや「わたしなんて……」というマイナスのエネルギーがなければ、マイナスの波動を受けにくい体質になります。

「わたしはマイナスエネルギーを受けない」「相手のプラスエネルギーだけ受け取る」と自分のマインドの方向性を変えているのです。

「引き寄せ」というスピリチュアルの開運法はご存知だと思います。

自分の心の状態をいつも「心地よい状態」「気分の良い状態」にすると、同じ波動である幸運な状況を引き寄せるというものです。『思考は現実化する』という本が一世風靡しました。

人間関係で「気分の良い状態」を作ることが、「スマホ風水」で自然とできてきます。

考えてみてください。

パートナーから言われた一言に「わたしのこと愛してないから、こんなこと言うんだ」

と思う自分から「どうせ愛されてるんだから、それほど悪意はない。聞き流そう」に変われたら？　それも知らないうちに、自己暗示によって。

心の状態がプラスを選べば、プラスの出来事がやってくる。そんな奇跡が、あなたに訪れるのです。

2 開運フォルダー

アドレスや写真をフォルダーに分けていますか？

スマホだと分けていない方もいるかもしれませんね。

もったいないです。

区分けは、潜在意識による開運法の基本中の基本。フォルダー分けをしてください！

そのフォルダーのタイトルは、日にちや人物などの機能で分けてはいけません。そう、願望で分けてください。

「美しいわたし」「開運するパワースポット」「成功する仕事仲間」など、どんなタイトルでも構いません。

自分がワクワクする開運フォルダーのタイトルをつけてください。そして、そのタイトルで区別して保存します。

そこを開くたび、そのタイトルがあなたの潜在意識にその情報を刻み込みます。

なぜ「区分け」が開運につながるか、わかりますか？

潜在意識は、刷り込まれた区分けのテリトリーでは、同じ反応を自動的に作動させます。

たとえばこんなことありませんか？「この喫茶店で読書をすると集中できる」「家のソファに座ると眠くなる」

そう、潜在意識は、同じ場所に行くことで、同じような感情や感覚を持つのです。

だから、嫌なことも、良いこともぐちゃぐちゃにするのではなく、別々にしてください。

浄化・邪気除けしたい人や場所は、過激ですが「縁切りフォルダー」を作ってもいいですよ！

そこに入れるたびに、あなた自身に、「このようなマイナスの気を受けない自分になる」と暗示をかけてくださいね！

3 予祝カレンダー

カレンダーも、願望実現のスケジュールにしていきましょう。

「予祝《よしゅく》」はご存知の方も多いと思います。願望がもう叶ったこととして、あらかじめお祝いすること。

日本では、古来、行われてきた願望実現の方法です。

スマホのカレンダーに、あなたの願望が実現することを設定してしまいましょう。

「祝・５キロ減量」

「祝・結婚」

などなど。そして、通知機能がある場合は、１週間前などからカウントダウンするようにしておきましょう。

実はこれも１００％叶うわけではありません。でも潜在意識を自己暗示で書き換えるには大きな大きな効果があります。

叶ったものとして喜ぶ。前祝いをする。その喜びのマインドが大切なのです。潜在意識に住み着いているマイナスのエネルギーを浄化し、邪気を除けていきます。そして喜びの気持ちを自ら作っていくのです。

あなたが「スマホ風水」で作ったプラスの感情が、邪気を除け浄化させていくのです。

4 記録式画像ダイエット

わたしが4か月で17キロ痩せた時に、一番効果があったのが、この「記録式ダイエット画像」です。

こちらもやり方は簡単！　毎日自分の画像を撮影し、グラフのようにして、変化を把握します。

記録式ダイエットに効果があることは、科学的にも証明されています。

ただし、この方法には一つ大きな欠点があります。それは、

「いちいち食べたものを記録するのは面倒！」

ということ。

そこでわたしが編み出したのが、「スマホ画像で記録」することです。そして、自分の容姿をチェックします。

やってみてください。考えている以上に太ってませんか？　あるいは、笑顔がひきつってませんか？

ファッションがイマイチではありませんか？

そう、自分に関する体内感覚は上乗せしていることが多いものです。

留守電の声を録音していた時代、自分の声を聞いて「こんな悪声ではないはず！」と思ったことありませんか？

わたしは、生放送でニュースを読む仕事を長年やっています。そして、帰宅するとその日のオンエアーをチェックします。

上手に読めたと思ってたのに、「感情移入しすぎてクサイ読み方」になっていたり、逆に直前に渡された原稿で、読むだけで精一杯のとき、案外うまく読めていたことはしょっちゅうです。

自分の感覚にズレがあるのですね。

それは容姿に関しても同じこと。鏡で見ているときは、自分の一番きれいに見える角度や表情でチェックしてます。また、自分の感情というバイアスがかかるので、３割から５割増しくらいに自己評価していますよね。

わたしがそうでした。

最初に自分を写メした当時、体重は75キロをオーバーしていました。

「こんなに太ってるはずない！」

と思ったものです。

一念発起して、やったことは２つ。まずは記録式画像ダイエット。

そして、もう一つは、潜在意識への自己暗示です。運動が嫌いなので、潜在意識ルールにより、運動は一切なし。

待ち受け画像や予祝カレンダーなどの「スマホ風水」を駆使して、「自分は美人で食が細い」と自己暗示をかけ、食事を無理なく減らすようにしたのです。

自分でも驚くような効果がありました。体重が減るだけでなく、「女性として魅力的であろう」という気持ちまでよみがえってきたのです。それまでのわたしは「もう年もとっているし、いまさら痩せても……」と思っていました、

そんなわたしが、スマホ風水でダイエットに成功し、自分に自信が持てるようになり、夫から愛される妻になりました。自分の思考が変わり、現実が変わったのですね。

そして、この記録式画像は、ダイエットだけでなく、多くの気づきを、わたしにもたらしました。

まずは、ファッションや髪型、表情など、自分に似合うもの、似合わないものがわかるようになってきました。それは仕事のブランディングで大きなプラスとなりました。

もう一つは、毎日自分を写してグラフのように見ていくと、自分が毎日違うことに気づいたのです。

調子の良いときと悪いときの自分はまったく違う人のようです。

一緒にいる人との相性も感じとれます。

「この人といると生き生きしているな」
「この人といるとエネルギー吸い取られてるような顔してるなぁ」

また、場所との相性もわかります。

「ここで写すと、いつもいい表情してるなぁ」

などなど。

いま、わたしは写真でもオーラ鑑定をしています。この経験が写真によるオーラ透視の基礎となりました。写真にもエネルギーは写るのです。スピリチュアル能力を磨きたい方にはおすすめのトレーニングになりますよ。

コツは、グラフ状に、客観的に見ることです。比較すると浮き彫りになるものがあるからです。

だからといって、「毎日同じ時間に撮影しなくちゃ！」などと堅苦しく考えないでくださいね。

潜在意識から自分を変えるには楽しく取り組むことが一番！


「こうでなければ！」

「努力して頑張らなければ！」


は御法度《はっと》です。かえって運気のリバウンドが起きてしまいます。

運気のリバウンドというのは、ダイエットと同じ。頑張りすぎて、楽なほうに戻ってしまうのです。

特に浄化・邪気除けをしたい場合、もともとの現状にマイナスエネルギーがついている状態ですから、その状態がコンフォートゾーン（居心地のいい状態）になっています。

楽に思える、その元いた場所に戻ってしまうのです。リバウンドですね。

楽しみながら、贅肉《ぜい》という邪気を払ってくださいね。

5 ワクワクＬＩＮＥ

わたしはＬＩＮＥが大好きです。それは、いろいろ潜在意識を書き換える仕掛けを仕込めるからなんですね。

まず「お願いアドレス」の場合、名前のところに絵文字を入れることができます。

またまた夫の例で恐縮ですが、わたしの場合、「わたしを心から愛する夫」の後にバラの絵文字を入れています。

わたしの夫は、誕生日にバラの花束を必ずプレゼントしてくれるのです。

それが、一番夫の愛情を感じる日なので、バラの絵文字にしています。

バラの絵文字を見ると、その時の感情を思い出して「わたしは愛されてる」と、自己暗示にかけることができます。

ここで注意点は、区分けです。このバラの絵文字は他の人には使ってはいけません。

「夫が自分を愛しているマーク」として、夫とのメッセージには多用します。

目指すのは、信号の状態です。

わたしたちは、ボーっとしていても、赤信号を見ると無意識に足が止まりますよね。

「あ、赤信号だ。赤は止まれ。止まらなくちゃ」と考えることはありません。

それを見たら、その感情が自然と湧き出るくらい潜在意識に刻み込むのです。

そのためには、あちこちで使うと効果が半減します。

その人オンリーで使ってくださいね。

たとえば、エネルギーをいつも取られてしまうエネルギーバンパイアみたいな人と縁切りしたい場合は、ハサミやナイフなど縁切りを思わせる絵文字を使ってみましょう。

浄化できない感情が残る相手には、波とか川などの水のマークもいいですね。

LINEでは、スタンプだけでなく多くの絵文字も売っています。

ぴったりのものを購入するのもおすすめですよ。

また、LINEは背景画像をその人その人で登録できます。名前の絵文字と同じものが望ましいですが、お願いごとをイメージできる画像なら大丈夫です。

また、グループを作る場合も同じです。

「飲み会グループ」みたいな名付けをしていませんか？　もったいないです。


「幸せ飲み会グループ」

「成功グループ」

など、プラスの言葉をどんどん使って名付けてくださいね。

また、グループのアイコンも同じです。そのグループの人たちが目指すものを象徴する画像を設定しましょう。

ＬＩＮＥをはじめとして、スマホの機能は日々進化しています。

いま、わたしの鑑定では、婚活アプリでの成婚率が一番高くなりました。

今は、電子書籍やマンガをスマホで読む人がどんどん増えています。

進化を遂げることで、ますますスマホは、あなたのすべての情報が入るものとなります。

スマホはあなたの小宇宙。その流れはますます加速していきます。

そして、スマホは、最強の潜在意識書き換えツール。その側面もますます加速していくのです。

スマホはあなたの小宇宙、あなた自身です

第3章

一日の浄化
～朝編～

一日のはじまりの邪気除けキーポイント

さあ、ここからは、浄化・邪気除けの暮らし方のポイントをご紹介していきましょう。

まず、朝の浄化、邪気除けで大切な点は、３つあります。

①時間
②切り替え
③身支度《みじたく》

この３つを順にお話ししていきましょう。

まずは「時間」です。

邪気を除ける、浄化する、そして開運するには、朝、どの時間が最も重要だと思われますか？

それは、朝起きたてのウトウトしているときです。

この数分が勝負時間！

このとき、わたしたちの意識は、半分起きて半分寝ている状態。心は無防備になっています。だから潜在意識に情報を書き込まれやすい、あるいは書き込みやすいといわれているのです。

眠っているときは意識をなくしていますので、記憶に植えつきにくくなります。また、起きているときは意識が判断しやすいので、情報を選り分けて、不必要なものは入れないようにすることが可能です。

でも、この半分起きて、半分寝ているウトウトした状態は無防備なので、潜在意識に記憶として植えつけやすいのです。

昔、「物事の境い目はあの世とこの世の交差点である。そして交差するところでは不思議な力が働く」と言われていました。

眠りと目覚めも、ある種の死と生の繰り返しです。だから、その境い目であるウトウト時間は、一番魔が入りやすいのです。

邪気が入ってこないようにするためには、そのウトウト時間の環境をセッティングしなくてはなりません。

マイナスの気を発するものは取り除き、プラスの影響を与えるものだけを厳選して置くということです。

具体的にチェックしていきましょう。

目覚めたときにまず目に入るものはなんですか？

天井？　ベッドサイドテーブル？

天井は手をかけられないとしても、天井にある照明器具はどうですか？

埃だらけではありませんか？　壊れたものをそのまま使っていませんか？

風水的にも天井の照明はとても重要です。

掃除をすること、明るい光であることを注意してください。壊れたものは思い切って買い替えをおすすめします。

そして、ベッドサイドテーブルには何を置いてますか？

時計、ランプ、飾りものなど、あなたにとって望む未来をイメージさせるもの、ときめくデザインのものを置いてくださいね！

たとえば、結婚運をアップさせたい方は、ラブラブカップルをイメージさせるベッドサイドランプや、新婚旅行に行きたい場所の写真を可愛い写真立てに入れて飾ってもいいかもしれません。

金運アップを望む方は、ゴールドのデザインのベッドサイドライトや、キラキラした飾りものがおすすめです。

健康運を望む方は、木製や陶器など自然の素材のものを置いてください。観葉植物もいいでしょう。

そして、アラームはどんな音ですか？　もし、災害が起きたような音で飛び起きていたら、一日が恐怖の心で始まってしまいます。

最近は、スマホで自分の好きな音や音楽を設定できます。望む一日を連想させるものを選びましょう。

営業のお仕事のように、やる気でガンガン活動したい方は、アップテンポのエネルギッシュな音楽を。ストレスを受けないようにしたい方は、波の音やオルゴール、クラシック音楽などを選んではいかがでしょうか？

朝起きたばかりのウトウト時間は、潜在意識の地図を書き換える勝負時間。ここを活用することには、驚くほどの開運効果があります。

ある有名女優さんは、あのアニメのヒロイン・峰不二子が理想の女性像だったそうです。そのため天井に峰不二子のポスターを貼って、「峰不二子のようなスタイルの自分」というイメージを刷り込んでいたそうです。その方は、今、まさに峰不二子体型。おしゃれな女性たちのカリスマとして活躍されています。

まずは起きたばかりの環境は、潜在意識への扉が開くときだから、情報が入りやすいのだと意識しましょう。

そして良い情報、良い波動を持つものばかりでセッティングしてください。

そして、次は、「切り替え」です。これは夜に働いていたものを休ませて、一日の始まりにスイッチを切り替えることです。

夜、寝ている間に、わたしたちは昨日の疲れから復活するために、邪気を排出しています。

それを吸い込むのが、枕や布団などの寝具です。それをいったん片付けることで、寝具を休ませてリフレッシュさせます。

日本では、昔は布団を毎朝、押し入れにしまい、夜には敷き直す生活でした。これにも開運の意味があったのです。

一度働かせたものは、次に使うときまで休ませる。そしてそのエネルギーを新しくさせてから、また使う。道具にも「死と再生」を意識したのですね。

今はベッドを使うほうが多いかもしれませんね。その場合には、グチャグチャになったシーツを整えてください。そしてベッドカバーをかぶせて一度休ませるのです。

整えること、それは気をリフレッシュさせることです。邪気はどんなものが好きだと思いますか?

それはグチャグチャに汚れたものです。よどんだもの、汚いもの、乱れたものは邪気の大好物。

ササッとでもいいので、寝具は整えて、夜が終わったことを寝具にわからせましょう。

物にも魂があり、念があります。

「お疲れさま。また、夜お願いします」と休ませてあげることが大切なのです。

寝具を整える。毎日洗濯はできなくても、その習慣だけで浄化はされます。

でも、もちろん、洗濯は定期的に行うことも忘れないでくださいね。

枕カバーは、特に要注意！　毎日洗って取り替えるのが面倒な方に、わたしは日本手拭いで、枕をくるむことをおすすめしています。

日本手拭いと開運の和柄

この手拭いをひんぱんに洗えばいいのです。タオルだと、顔に跡がついてしまいますが、日本手拭いなら大丈夫！　また手拭いには縁起の良い柄のものがたくさんあります。枕から自分にその和柄の開運効果を染み込ませることができて一石二鳥！

日本人は昔から、良い夢を見ることは開運につながるとして、枕の下に縁起の良い絵が描かれた護符やお守りを忍ばせていました。

枕を、開運アイテムとして、とても重要視していたのです。

手拭いの柄はどんなものを選んだらいいでしょうか？

仕事運アップなら、ひょうたんやトンボ柄はいかがでしょう。

金運は、金魚や波柄などが、縁起が良いと言われています。

恋愛運や家庭運なら、桜や鳥の柄がおすすめです。

健康運なら、麻の葉や蔓草《つるくさ》などを選んでください。

もちろん、それ以外でも、自分がピンときたもの、好きな柄を枕にくるんだら、開運枕の出来上がりです！　ぜひ試してみてくださいね。

そして、窓を開けて、気の入れ換えをします。換気には、本当に大きな浄化効果があります。

寝ている間にわたしたちは、昨日の疲れや悩みなどの想念を邪気として部屋に排出しています。

その疲れた気が充満している部屋をそのままにしてはいけません。

窓を開けて、気の入れ換えをし、リフレッシュしてください。

たとえば、会社で人間関係がギクシャクするようなとき、窓を開けただけで、場のエネルギーが変化したという経験はありませんか？

そう、空気を入れ換えることは、邪気を退散させ、気をリフレッシュさせる効果が思った以上にあるものです。

起きたら、部屋の窓を開けて、空気を入れ換え、太陽の光を浴びて、大きく深呼吸をしましょう。

曇りや雨の日でも、太陽エネルギーは地上に届いています。午前中の太陽のエネルギーには大きなパワーがあります。「神社に参拝するなら午前中」と言われたことはありませんか？

太陽がのぼるときのエネルギーを取り入れることができるからなんですね。

朝起きたら、ぜひ強い太陽パワーを取り入れてください。

そして、顔を洗い、口をゆすぎます。これも同じように、自分についた邪気を払い、一日の始まりをスタートする儀式です。

スピリチュアルな意味ではなくても、朝起きたときは、口の中や肌には多くの菌が繁殖しているといわれています。良い菌ももちろんありますが、ばい菌は洗い流すことが大切。そのとき、マイナスエネルギーとしてついていた邪気も洗い流すことができます。

身支度とは結界を張ること

そして、身支度です。

身支度は自分に結界を張ること。

武士は、戦の前には身支度を整え、士気を上げて出陣します。身支度をすることで、邪気の入る隙を作らないようにしたのです。

外に出る前に、自分に結界を張って、心構えを作ってください。

わたしは声優になる前、舞台女優を長くやっていました。舞台に上がる役者さんは、化粧をし衣装をつける間に、役になっていくのだとおっしゃる方がたくさんいました。

舞台に上がる前の身支度。ここで、内から外へと意識が変わっていくのです。

今日の予定に合わせて身支度を整える。それは自分の結界を作るだけでなく、お会いする人に対する礼儀でもあります。

その人をその仕事を大切に思っているから、自分の身支度も整える。その気持ちが相手にも伝わります。

あなたは初めてのデートのとき、相手がヨレヨレのファッションで現れたら、自分を大切に思ってくれていると思いますか？

商談など、相手がキチッとした服装で現れたら、その仕事に対する姿勢を感じさせますよね。

かといって、お金をかけたファッションである必要はありません。

あなたの思いが伝わる、そしてその場を尊重したファッションを選んでください。

では、開運という視点から、身支度のポイントを２つお伝えしますね。

まずは髪を整えることです。髪の毛は、スピリチュアルのアンテナと言われています。霊的なエネルギーを受けるところなのです。

髪を整えることは、邪気除けにはとても大切。

そして、もう一つのポイントは靴です。靴は、金運に大きな関わりがあります。「地に足をつける」という言葉があるように、この現実世界で実績を挙げる、土台となるものです。

高価なものでなくても構いませんが、ボロボロはＮＧです。革靴なら磨いたものを。女性の靴なら、ヒール部分や足先の部分が傷《いた》みやすいですよね。必ずチェックしてください。

そして、外に出る前にわたしが必ずやっていることがあります。

それは神棚のお水をとりかえ、手を合わせることです。

神棚がない方、また、バタバタと遅刻ギリギリという方もいらっしゃると思いますが、せめてドアの前で深呼吸をして、今日一日の始まりを、自分に誓いましょう。

「今日一日、わたしが必要とされることを最善、最高の形でできますように」

「今日一日無事に、自分の使命を果たせますように」

そんな祈りをほんの数秒で構いません。神仏に、そして自分に唱えます。

そして内から外へ。一日がスタートするのです。

リスクだらけの通勤タイム

通勤時間は危険がいっぱいです。電車の中、歩く道、知らない方との距離が近いと、邪気を受けるリスクが倍増します。

「パーソナルスペース」という言葉を聞いたことがありますか？

さまざまな説がありますが、アメリカの文化人類学者、エドワード・ホールは、ごく親しい人に許される距離は50センチ。これ以下の距離は「絶対に他人を入れたくない」と感じると定義しました。

どうでしょう？　満員の電車などでは、守られていないですよね？　不快という邪気が自分を襲うことになります。

また、相手の波動が自分に影響を与え、自分の波動も変わってしまいます。波動は共振効果があるからです。

イライラ殺気だった人が近くにいる空間では、自分もイライラしてしまう恐れがあるのです。

電車に乗るだけでグッタリしてしまう方もいるでしょう。

狭い空間に閉じこもるので具合が悪くなる方もいると思います。

リモートのお仕事に移行して、だいぶ満員電車は緩和されたとはいえ、通勤しなくてはいけない人はまだまだいらっしゃると思います。

そんなとき、邪気を受けないようにするためにはどうしたらいいでしょうか？

それは、結界を作ることです。

わたしは「卵のイメージ呼吸法」を使って、自分に結界を張るようにしています。

呼吸を使って、自分の周りに、自分を守るドーム形の卵を作る瞑想です。

まず足の裏が床についていることを意識してください。

座席に座っている場合は、お尻が座席にベターとくっついていることに意識を向けます。

そして息を吸うと同時に、足の裏からエネルギーが自分の中心を通って上がってきます。

そして、吐く息と同時に、自分の頭頂から噴水のようにエネルギーが噴き出て、自分の周りに卵の形を作ります。

そのエネルギーがまた、足から地球の真ん中に降りていき、そこからまた自分に上がってきます。

自分の身体の周りを降りるとき、自分にとって必要のないものも一緒に洗い流されるイメージを持ちましょう。

そして、地球の核のところで、古いエネルギーが新しく強いエネルギーに再生されて、自分の身体の中に入ってくるイメージで息を吸って下さい。このイメージの卵の中で自分が心地よくいられるよう、何回か呼吸を繰り返してください。

マインドフルネスなどの瞑想の効能は多くの本に書かれています。スティーブ・ジョブズなど世界のエリートは瞑想を習慣としていたことはよく知られています。

でも、たいていは、夜寝る前など「瞑想するぞー！」という時間に実践されているのではないでしょうか？

静かな空間で、自分をありのままに受け入れ、呼吸に意識を集中する。これは本当に大きな効果があります。ぜひ実践してください。

でも、電車の中など、瞑想にはふさわしいとはいえない空間で、イメージ瞑想をする。

これもまた不動の心を養います。

「わたしは安全な卵の中にいる」

「誰もわたしのエネルギーのパーソナルスペースに入ってくることはできない」

そんなイメージを持ち、呼吸で卵の形の結界を作ってくださいね。

そして、もう一つ、もし時間が許されるなら、一駅前に降りて歩くこともおすすめです。

電車で自分についた邪気。一駅前で降りて歩くことで、会社や仕事場に持ち込まないインターバルを作ることができます、

なるべく緑の多い場所を選んで歩くことができたら邪気払いには理想的。

自然の持つ浄化効果は、瞑想の数倍といわれています。

忙しい朝の通勤時間ですが、一駅前が無理な場合は、ちょっと遠回りして、緑を見ながら歩ける道を見つけてみてください。

少し顔をあげて、緑や空を見上げてみる。それだけで気持ちは上向きになるもの。アイデアは下を向いているときには湧いてこないといわれています。

心と姿勢はリンクしているもの。顔をあげて、身体の運動量を増やし、仕事の場に行く。

この習慣が、あなたの仕事での活動を最大限に引き出す助走となってくれるでしょう。

朝、起きたてのウトウトしている数分間が勝負時間！

起きたては潜在意識の扉が開くとき
良い情報、良い波動を持つものばかりを部屋にセッティングしましょう!

朝の通勤タイムはリスクだらけ！
呼吸で自分自身に結界を張ろう！

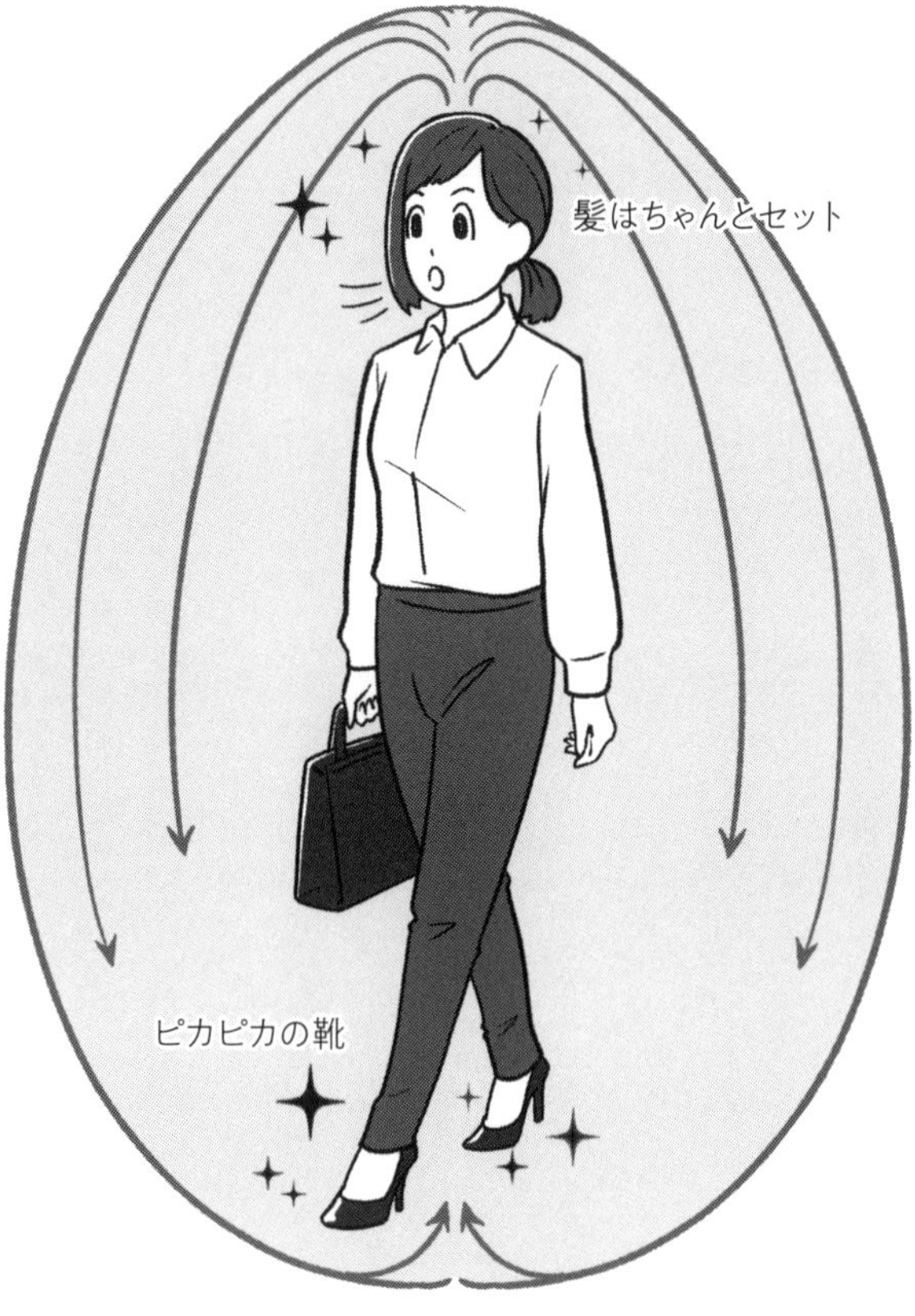

卵のイメージ呼吸法

第4章

一日の浄化
～昼編～

「陽極まると陰になる」昼の注意ポイント

昼の浄化のお話をする前に、昼とはどんな時間？　ということを考えたいと思います。

この本では、朝の時間を通勤までとしました。だから、外で、あるいは家の中でも何らかの活動をしている時間を昼とします。

そう考えると、昼とは活動のエネルギーが一日のうちで最も大きくなる時間と言えますよね。

仕事をしたり、人と関わったり、家事をこなしたり……。

でも、外国には、この昼の最も太陽のエネルギーが大きくなる時間に、「シエスタ」として昼寝をする慣習を持つ国もあります。

太陽の光は、陰陽のエネルギーで言えば、陽のエネルギー。

そして、活動することもまた、陽のエネルギーです。

あまりにも陽のエネルギーが強いときに、陽のエネルギーを重ねることは、健康を害したり、活動量に反して結果が出ないことがあるからなんですね。

「陽極まると陰になる」

占いには、このような考え方があります。

わたしが、姓名判断で名付けをするときに必ず気をつけることは、吉数ばかりをそろえずに、ちょっとだけ悪い数も入れるということ。

おみくじを買って「大吉は凶に転じるから、吉がいい」、あるいは「大凶は吉になるから心配しなくて大丈夫！」と言われたこと、ありませんか？

吉も凶も、極まると反対の結果になるリスクが強まるんです。

昼の時間も同じ。

ガンガン働いて、結果を出して成功することだけが良いと思っていませんか？

それは陽のエネルギーを極まらせることになってしまいます。

では、おとなしくしていたり、ダラダラと家にこもっていたりすればいいのでしょうか？

それもまた、陽の時間にふさわしくない「陰のエネルギー」を強めることとなります。

だから昼の浄化で一番意識することは、陰陽のバランス！

仕事も人間関係も、また家庭内でやるべきことも……バランスをとることが、邪気を除けることにつながります。

バランスを意識して、昼の浄化を考えていきましょう。

昼の浄化については、5つのエネルギーに分けてお伝えしたいと思います。

占いでは、この世の中のものを、木火土金水という5つのエネルギーに分ける考え方があります。これを「五行」といいます。

古来、中国では、万物はこの五行のエネルギーでできていると考えられていました。

そして、この5つのエネルギーのバランスや循環を整えることで運が良くなるとされていたのです。

浄化や邪気除けも同じ。5つのエネルギーによって、その方法や効果が異なります。

この5つの浄化・邪気除けの方法をバランスよく取り入れて、昼のエネルギーを整えていきましょう！

「木」の浄化・邪気除け

木とは、文字どおり、草木のエネルギーです。

つまり、草も木も、同じく「育つパワー」を持っています。

上を目指す！　成長する！　そんな生命力、向上心が木のエネルギーです。

どんな苦難があっても、それを乗り越えて成長していく、その姿勢そのものが邪気を払い、あなたのエネルギーを清浄なものに浄化するのです。

そしてまた、「木」は、風や音、あるいは香りなどの「波動」のパワーでもあります。

その中で、まずお伝えしたいのが声による浄化の力です。

声には、不思議な力がある――アーティストや声優、あるいはタレントの声を聞いて、そう思いませんか？

好きなアーティストの声を聞くだけで、自分の心が洗われる思いがしたり、パワーをもらったりしますよね？

あなたの声も同じ。その場のエネルギーを変えることができます。また人にパワーを与えることもできるのです。

あなたがお買い物に行ったとき、あるいはお食事に行ったとき、店員さんが明るくハキハキとした声で応対してくれた。それだけで、幸せな気持ちになったことありませんか？

人と関わる場で、あなたがムスッと沈んだ声で応対したら、相手からの「なんだ、コイツ感じ悪いな」というマイナスの思いが生まれます。

そして、その相手の悪意を、あなたは受けてしまうのです。多分、あなたが気がつかないうちに。

相手が「明るくて素敵だな」と思ってくれたら、その思い、つまり想念のエネルギーが、波動になってあなたのオーラに影響を与えます。

だからと言って、いつも元気に明るい声ばかりがいいわけではありませんよ。大きな声で延々と話されたら、うるさく感じませんか？

先ほどお話ししたように、バランスが大切！

わたしは声優の仕事もしています。声優は、その役柄に合った声を出すことが必要。だからほとんどの声優は、いくつかの声色を使い分けることができます。

また、キャラクターを演じるときは声に感情を込めますが、ニュースを読むときは自分の感情は抑えてニュートラルな読み方を心がけています。

ニュースの受け取り方は、視聴者によってさまざま。自分の感情を押し付けた読み方はふさわしくないからです。

職場では、明るく元気な声が基本だとしても、ＴＰＯによって声を変えることを意識してみましょう。

みんなのやる気を引き出すべく、スピーチをしなければならないときなどは、元気で、よく通る声が必要ですよね。

でも、仕事の打ち合わせをクライアントと一対一でする場合はどうでしょう。

落ち着いたトーンのほうが、相手からの信頼を得ることができます。

トラブルが起きて、皆がパニクッているときは、冷静沈着なクールな声が、その場を静めます。

注意したり怒らなければいけないときは、ヒステリックな高い声より、腹から出した深い声のほうが伝わるでしょう。

声のセミナーをすると、たいていの方が「大きく通る声になりたい」とおっしゃいます。

実は、声の力で相手を動かすには、大きな通る声を手に入れるだけではなく、「声の変化を意識すること」が最も大切なんです。

話は変わりますが、「デートのときは動くイヤリングをつけて！」と聞いたことはありませんか？

人間は、危険を察知して暮らしてきたので、動くものに反応するようにＤＮＡに刻まれているのです。

そう、人は変化に反応する生き物なんです。

陰陽のバランスを取り、声の使い分けをして、変化のエネルギーで相手の気持ちを動かしましょう。

あなたの声は、波動となって相手に届きます。

そして、受け取る相手の想念が気のエネルギーとなって、あなたのオーラに伝わります。

この循環を意識してください。

でも、相手の想念が自分に返ってくることは、見えるものではないので実感がないと思います。

わたしは鑑定で「生霊《いきりょう》」と思われる存在を何度もみてきました。

生霊とは、あなたを憎む人の想念です。オーラ鑑定で生霊はどのようにみえるでしょう？

真っ黒な男性の影が肩の上に乗っていた方は、職場の男性上司といさかいが絶えない状態でした。そのため、その人の肩は沈み込むように重くダラーンと垂れていました。

また、母親からＤＶを受けていた女性は、首のところに女性が噛み付いて食べてしまっているようにみえました。

その女性は、なかなか思うように自分を出せず、いつも人の言いなりになってしまうという悩みを持っていました。

生霊はあなたを蝕んでいきます。

一番の邪気除けは、つらい出来事がプラスに転じるよう、あなたがポジティブなエネルギーで生きることです。

そして、声で言えば、あなたが自分の発する言葉や声を、相手にとって幸せなものにすることなんです。

覚えておいてくださいね。


さて、ほかに、「木」のエネルギーによる浄化を考えてみましょう。

風や音、また香りの浄化では、どんなことがあるでしょうか？

職場がどんよりしているとき、可能ならば、窓やドアを開けて空気の入れ換えをしてください。驚くほど場が浄化されます。

無理なときは、うちわや扇子で、あなたが風を作ってみてください。

うちわや扇子は、日本ではその昔、呪術の道具でした。

うちわは、神さまの気を上げるものです。

今でもお祭りの時、お神輿を担いでいる人の周りに、うちわで士気を上げている人がいますよね。

また、相撲では、行司が軍配を使います。

かつて、武将はうちわの形をした軍配で戦の指揮を執っていました。それが、相撲に受け継がれているのです。

そして扇は、神さまの乗り物とされてきました。神さまを呼ぶものですね。

戦国時代、武将は「軍扇《ぐんせん》」という扇を使って、軍神の力を招きました。

今でも神事では、扇を使って神楽を舞います。扇は神さまを乗せる道具。それを小さくしたものが、扇子ですね。

だから、ちょっと場の雰囲気がよどんできたら、うちわや扇子で扇いでみてくださいね。強力な浄化・邪気除けになります。

香りはどうでしょう。香りは、脳に直接届くので、記憶や感情にダイレクトに影響があると言われています。

特に自然の素材からなる香りは、その場を清浄にし、邪気を取るパワーがあります。

香りによる浄化・邪気除けは、アロマ、お香をはじめ、多くの種類がありますので、この後、第8章「風水による浄化・邪気除け」でも、詳しくお伝えしますね。

ここでは、わたしが昼の時間に使えそうな香りと、その使い方をご紹介します。

まずはアロマ。

アロマでは、ラベンダーが最も一般的な浄化の香り。リラックス効果があり、癖がありません。

そのほか、わたしが好んで使うものは、ローズマリーやユーカリ。邪気除りの効果が強いものです。

もっと強い邪気を感じるときは、フランキンセンスやセントジョーンズワートを使います。

古代エジプトでは、アロマによる、邪気除け、悪魔払いなどをしていました。

使い方は、自分の部屋でしたら、アロマディフューザーなどで、アロマを焚くことができますが、会社ではそうもいきません。

香りにアレルギーを持つ方もいらっしゃいますので、気をつけてくださいね。

他の方に悟られないように、コットンに少しアロマを垂らしたものを、デスクの引き出しやロッカーに入れておくといいかもしれません。

最近では、小さな瓶にアロマを入れたネックレスが売られています。

自分だけに香りを感じるものなので迷惑になりませんね。

次にお香です。お香の邪気除け効果は、考えている以上に強いものがあります。

わたしは、生霊が付いていたり、霊障が疑われるお客さまには、必ず線香や塗香《ずこう》による浄化・邪気除けをおすすめしています。

だけど、アロマ以上に会社では使いにくいもの。現代では、お葬式？　と思われちゃうかもしれませんね。

昼の時間の浄化・邪気除けとしては、小さな小袋に塗香を入れたものや、匂い袋などをバッグに入れていただくことをおすすめします。

塗香というものをご存知ですか？　香木というお線香などの原料を粉状にしたもの。お寺では行事やご祈祷の前に、僧侶や参拝者が、この塗香で身の穢れを払います。

身口意《しんくい》という、身の穢れ、自分が発する言葉の穢れ、そして心の穢れを取るといわれています。

また、お香の香りは仏さまの食べ物といわれています。仏さまのお力を借りて、開運することができるんですよ。

でも、昼の時間、そして、会社など他の方々がいらっしゃるときには、アロマやお香などの香りによる浄化・邪気除けは迷惑にもなりかねません。

おすすめなのは、香りの良い一輪挿しの花を机の上に飾ることかもしれません。

香りは、気となってあなたの身をまとうもの。オーラを美しくするものです。

もっとおすすめなのは、清潔にすることです。

邪気は悪臭が大好き！　清潔さは邪気の敵です。むしろ体臭や髪の毛、洋服の悪臭を取ることのほうが、一番の邪気除けになるかもしれません。

邪気が好む悪臭を放たない。そんな意識を持って、昼の活動をしてくださいね！

そして、「木」のエネルギーによって浄化するには、本当の草木を使うのも効果大ですよ。観葉植物やミニプランターを置くのもありですね。

マイナスの気を吸い取り、プラスの気に変えてくれるパワーを持っています。

また、昼の時間での音による浄化・邪気除けでは、鈴がおすすめです。神社に参拝するとき、鈴を鳴らしてからお賽銭をいれますよね？

まず鈴の音で自分の穢れを払うのです。そして、鈴の音というのは、神さまが大好きな音なんです。神さまに愛される体質になることができますよ！

日常生活では鈴のストラップを持つのが一番自然かもしれませんね。

塗香入れ

木の浄化は、エネルギーの動きによって魔を払う浄化です。音や風、また自然の持つパワーでマイナスエネルギーを振り払いましょう！

「火」の浄化・邪気除け

仏教の祈祷で「護摩焚き」というものをご存知ですか？

火の力で邪気を払い、また、願いごとを仏さまにお伝えする儀式。

火は、強い浄化のパワーを持っています。それは火＝陽。太陽の光のパワーと同じものと考えられているからです。

また、人間は、火を使えるようになったから文明が発達したとも言われていますね。

火の持つ、上昇のエネルギー、また、悪いものを燃やすエネルギーは強力です。

さあ、それでは、昼間の活動時間での「火のパワー」の浄化とは、どんなものでしょう。

まず、火そのものを使い、悪いものを燃やすこと。

たとえば、人の念が入ったものや、悪いことを知らせる手紙、縁を切りたい人の名刺など……。

でも、火事の恐れがあります。わたしは、このようなものは「塩と一緒に袋に入れて、ゴミの収集に出してください」とお伝えしています。

いずれ焼却炉で燃やしていただけます。

余談になりますが、おみくじやお守りなどを神社やお寺にお返しできない場合があります。たとえば、燃えないゴミに分類されるものは、その寺社からいただいたもの以外はお焚き上げをしてもらえません。

そのようなときも、塩や塗香と一緒に袋に入れてゴミとして出していただいて大丈夫ですよ。

さて、ほかにどんなものが、火の浄化にあたるでしょうか？

まずは先ほどお話ししたように、太陽の光です。

太陽の光には、本当に強力な浄化・邪気除けのパワーがあります。換気と同じように、部屋に太陽の光を入れてくださいね。

でも、夏の昼間など、強烈な光のときは、陽の気が強すぎてしまいますので、注意してくださいね。

次に火で表されるものに、運動、身体を動かすことがあげられます。

何か嫌なことを言われたとき、身体を動かしてみてください。ちょっと椅子から立ち上がって柔軟体操をする。

職場の雰囲気がピリピリで、身体が緊張して肩がカチコチ。そんなとき、肩まわしをしてみましょう。

上司に怒られて、仕事をしていても頭の中で、怒られた言葉がぐるぐるする。そんなとき、「ちょっとトイレに」と言って席を立ち、トイレで身体を動かしてみる。

そんな小さな運動でも、自分についた邪気を払い、浄化することができます。

邪気は、肩につくことが多いので、肩を中心に身体を動かしてくださいね。最後に手で肩を払う動作を入れたら完璧です。

そして、ほかには、火を表す色「赤」のパワーを使うことです。

鳥居の色が赤で塗られているのは、赤色、つまり陽のパワーで、邪気を除けるため。

鑑定で、旦那さまの浮気で苦しんでいる方がいらっしゃいました。

地位も高くイケメンの旦那さまだったので、女性からの誘惑が絶えず、本気ではないのだけど、ちょこちょこ浮気しているとのこと。

わたしは「旦那さまのスーツのタグの裏側に、赤の×印を書いてください」というアドバイスをさせていただきました。

もちろん、その奥さまがいろいろな面で旦那さまへの接し方を努力してくださったこともあり、今では「超ラブラブです」と嬉しいご報告をいただいています。

ほかにも、縁切りをしたい人の名刺に赤い色鉛筆でバツ印をつけたり、赤い封筒にやめたいことを書いた紙を入れたり……。

赤のパワーを使う邪気除け、ぜひ試してみてくださいね。

火の浄化は、燃やしたり、火の色である赤を使ったり、あるいは自分の熱量を上げたり、太陽エネルギーを使ったり……などなど力強い浄化です。

火のパワーは、上昇のパワー。

場がよどんだとき、自分の気持ちが落ち込んだとき、エネルギーを沸き立たせることが火のパワーです。

また、誰かがうなだれているとき、励ましの声をかけて元気づけるのも火の浄化・邪気除けです。

弱気な自分を、人を、そして環境を奮い立たせる。そこに魔が入る隙はありません。

太陽のように前を向いてポジティブなエネルギーを発しているものに、邪気は寄り付きにくいのです。

そんな上を向くエネルギー、それが火の浄化・邪気除けなのです。

「土」の浄化・邪気除け

土は、すべてのものを包有するエネルギーです。

「土に帰る」という言葉があるように、命あるものは、いずれ土になり大地となります。そして、また生命を育む栄養となるのです。

土の浄化パワーは受け止める力。そして受けたものを変換する力です。

人間関係では、人の話を聞いてあげること。また、自分の話を聞いてもらうこと。

「え？　それで浄化になるの？」と思うかもしれません。

でも、あなたにも「聞いてもらうだけで、心が軽くなった」という思いをしたことがあるはず。

相手の話を聞いてあげて、相手がスッキリしたら、その思いがあなたに波動として伝わります。想念のエネルギーは循環すると覚えてくださいね。

わたしは占い師として、鑑定で悩みを聞く立場です。よく「悩みや暗い話を聞いて、被《かぶ》りませんか？　疲れませんか？」と聞かれます。

まったく疲れません。ありがたいことに、ほとんどのお客さまが、「スッキリしました」「明るくなれました」「心が軽くなりました」と笑顔で帰っていかれます。

だから、わたしもスッキリするのです。そこにあるのはエネルギーの循環。わたしはお客さまからお金というエネルギーをいただき、占いというエネルギーを渡します。

その結果、お客さまは、前向きのエネルギーに変化し、わたしはそのポジティブエネルギーをいただきます。ぐるぐるとエネルギーは循環しているのです。

だから話を聞いてあげること、また、心を開いて話をしてみることで、浄化される循環を作れるのです。

また、土のパワーは、物事を育てるパワーです。

わたしは犬を飼っていますが、犬は自分では何もできないので、お世話をする毎日です。でも、その育てることが、自分を浄化して幸せにしてくれていると感じます。

お子さまのいらっしゃるお母さま、また、部下や後輩を育てている責任ある立場の方は、ＧＩＶＥをしているように思えるかもしれません。

でも、そのことで自分が得られるエネルギーは計り知れないものがあります。

妊娠された女性は、体の毒素を出すので、とても美しいと言われていますよね？　産み出すことは、膿みを出すことでもあるのです、自分の中にある邪気が浄化され、新たな生命を生み出すのです。

人を育むことは自分を育むことなのですね。

土のエネルギーは、季節で言えば、土用という、ちょうど変わり目のエネルギーでもあります。「土用の丑の日にうなぎを食べる」の土用です。

これまでの季節の疲れを払い、次の季節に移る、次の季節を生み出すパワーを持つのが土用。

土の浄化は、人に与え、人を受け入れ、産み育てるパワーが源。そのプロセスで自分のマイナスエネルギーが浄化されていくのです。

「金」の浄化・邪気除け

金のエネルギーは、やめるエネルギー。はね返すエネルギーです。

物質でいうと金属や鉱物を表します。金属なら、たとえば、ハサミ、鏡、針、ナイフなど。

これらの道具は、日本では呪術で使われたり、お守りとして使われたり、魂がある物、神聖な物とされてきました。

お寺に行くと、「包丁塚」「針塚」というのを見かけたこと、ありませんか？
あれは、使い終わった包丁や針を、魂がある物として供養するんですね。
それだけ、念が入りやすい物質だとも言えます。だからこそ、呪力を持つものとして祭祀などに使われてきました。

鏡は、物事の本質を映し出すパワーがあります。日本の三種の神器の一つ、八咫鏡《やたのかがみ》は天岩戸《あまのいわと》にお隠れになった天照大神《あまてらすおおみかみ》を誘い出すのに使われたことから、太陽神の象徴です。

また、風水では、八角形の鏡を使って、「殺」と呼ばれる風水上の悪い作用をはね返します。

自分に悪意を持つ人に向けて鏡を設置することで、その悪意をはね返すことができます。

鏡は邪気除けの力が強力なだけに、風水では扱いが難しいところもあります。第8章の「風水による浄化・邪気除け」で詳しくその使い方をお伝えしますね。

そして、針も金のエネルギーを持つ浄化・

邪気除けのアイテムです。針には武器としてのパワーが宿っていると考えられてきました。一寸法師の物語では、針の刀で鬼退治をしました。針には災厄や魔を払う力があるからです。

また、針には念がよりつくパワーもあります。布に針で糸を縫い付けることは、そこに念が入ること。「千人針」というものを聞いたことありませんか？

戦争に赴く兵士のために、たくさんの女性が布に赤い糸で縫い玉を作ることで、兵士が無事に帰るためのお守りを作ったのです。

縫う行為には念を込めるパワーがあるとされたのですね。

ナイフやハサミは、縁を切るパワーを持ちます。

デスクの引き出しに入れたり持ち歩くことで、縁を切りたい人や出来事を遠ざける手助けをしてくれます。

金の浄化・邪気除けは、はね返す力、縁を切る力です。

「ノーと言えない日本人」とよく言われますよね。

わたしも断ることがとても苦手です。つい義理を果たそうとしすぎて、自分のエネルギーを枯渇させてしまいます。

「突然ですが占ってもいいですか？」という番組に出演したとき、占った女性の喉が真っ黒にみえました。

その女性は心優しい方で、つい自分を後回しにして、本音を言えず、悩んでいらっしゃいました。

また、鑑定に来られたお客さまで、自分に暴力を振るう男性となかなか別れられない女性がいました。その方をオーラ透視すると、首を男性に絞められているビジョンがみえました。

断るべきときに断る。悪縁を切る。これは自分のエネルギーを浄化するためには絶対に必要なことです。

なかなか断れない方に、わたしはいつもこのようにお伝えします。

「初めからばっさり切らなくてもいいので、小さなことから断る練習をして！」

なかなか断れない方が突然はっきりノーと言うと、かえって反作用が起きます。

「断って悪かったかな」

「自分のことを悪く思ったんじゃないか」

そんな思いにとらわれ、自分を責めて、かえってまたもっと断れない自分を作ってしまいます。

今まで、貢いでばかりいた女性は、「食事はごちそうするから、コーヒーはあなたが出して」と言ってみる。

お付き合いが断れない男性は、一次会で帰る練習をする。あるいは頻繁にトイレに立ち、その場を抜ける習慣をつける、などなど。

できそうなことから練習して、成功体験を積んでいただきたいのです。

悪縁を切る、そして魔を寄せ付けない体質を作っていくことができますよ。

「水」の浄化・邪気除け

「浄化」というと、一番に頭に浮かぶのは、この「水」の力によるものではないでしょうか?

神社やお寺に参拝するとき、わたしたちは、手水舎で手を洗い、口をゆすぎます。

伊勢神宮の内宮をお参りするとき、五十鈴《いすず》川の禊の場で身を清めてからお参りをします。

また、滝行は、水の力で邪気を払うものです。

水には強力な身を清める力があるのです。

昼の時間、どのようにこの水による浄化・邪気除けを取り入れられるでしょうか?

まずは手水と同じく、手を洗う、口をゆすぐことです。

気持ちが煮詰まってきたら、ちょっと洗面所に行き、手と口を水で洗うだけで、リフレッシュすることができます。

次には飲み物です。

日本茶には大きな浄化の力があります。殺菌作用が強いので、風邪にはお茶でうがいをするといいと言われていますよね？

また、昔は、お茶の葉の出し殻で部屋の掃除をしました。

最近は、お茶の葉をアロマのように火で焚いて部屋の浄化をすることも流行《はや》っています。

日本茶以外でもお茶には、浄化・邪気除け作用のあるものがたくさん！

昆布茶は、塩気があり、喜《よろこ》ぶとかけて縁起の良いお茶。

ハーブティーはもちろん、薬草茶も、ハーブや薬草の力で浄化してくれます。

マイティーバッグを揃えて、休憩時間に飲むのもおすすめです。

水を飲むことにも、浄化のパワーがあります。いっぺんに飲むより、ちびちび飲んで、

喉にはりついている菌を胃に流し込むことで、風邪予防にもなります。

また、噴水や滝など水のそばは、マイナスイオンが出ています。このマイナスイオンには、リラックスしたときに出るアルファー波を出す効果があります。ストレスという邪気を洗い流してくれますよ。

川の揺らぎには、1／f（エフぶんのいち）揺らぎという、リラックスを促す効果があると言われています。

海も同じく癒しのパワーがありますね。

水の浄化は、癒しのパワー。洗い流すことは、執着を手放すこと。

穢れとは、気が枯れること。

「こうでなくてはいけない」という思いを解放することです。

水の浄化・邪気除けによって、わたしたちは、日々の暮らしの中で枯れていく気を洗い流し、新しい気持ちで物事にあたることができます。

その源泉は、水が持つ緩める力です。

水の浄化・邪気除けは、執着からの手放しを促すものなのです。

昼の浄化・邪気除けでは、具体的な方法とともに、心のあり方もお話しさせていただきました。

浄化・邪気除けは、ただ、ツールを使って悪いものを追い払うことだけではないのです。

わたしたちの生きる姿勢、そのものが邪気を引き寄せていることはとても多いのです。

その内面にある「生き癖」のようなものが、邪気を作り出しているのです。

オーラ透視をすると、生霊も、邪気も、よどみも、まるで絵のようにみえてきます。

テクニックでそのときは取れたとしても、同じ考え、行動をしていたら、また邪気が寄ってきてしまいます。

潜在意識にある自分のエネルギーをバランスよく整えること。

日々の生き方、暮らし方から邪気を寄せつけない習慣を身につけること。

それこそが最大の、昼の時間の浄化・邪気除けであると、わたしは思っているのです。

場の雰囲気がよどんできたら、うちわや扇子で扇ぎましょう！　強力な浄化になります

邪気のあるものはゴミ袋に塩を入れて捨てましょう!

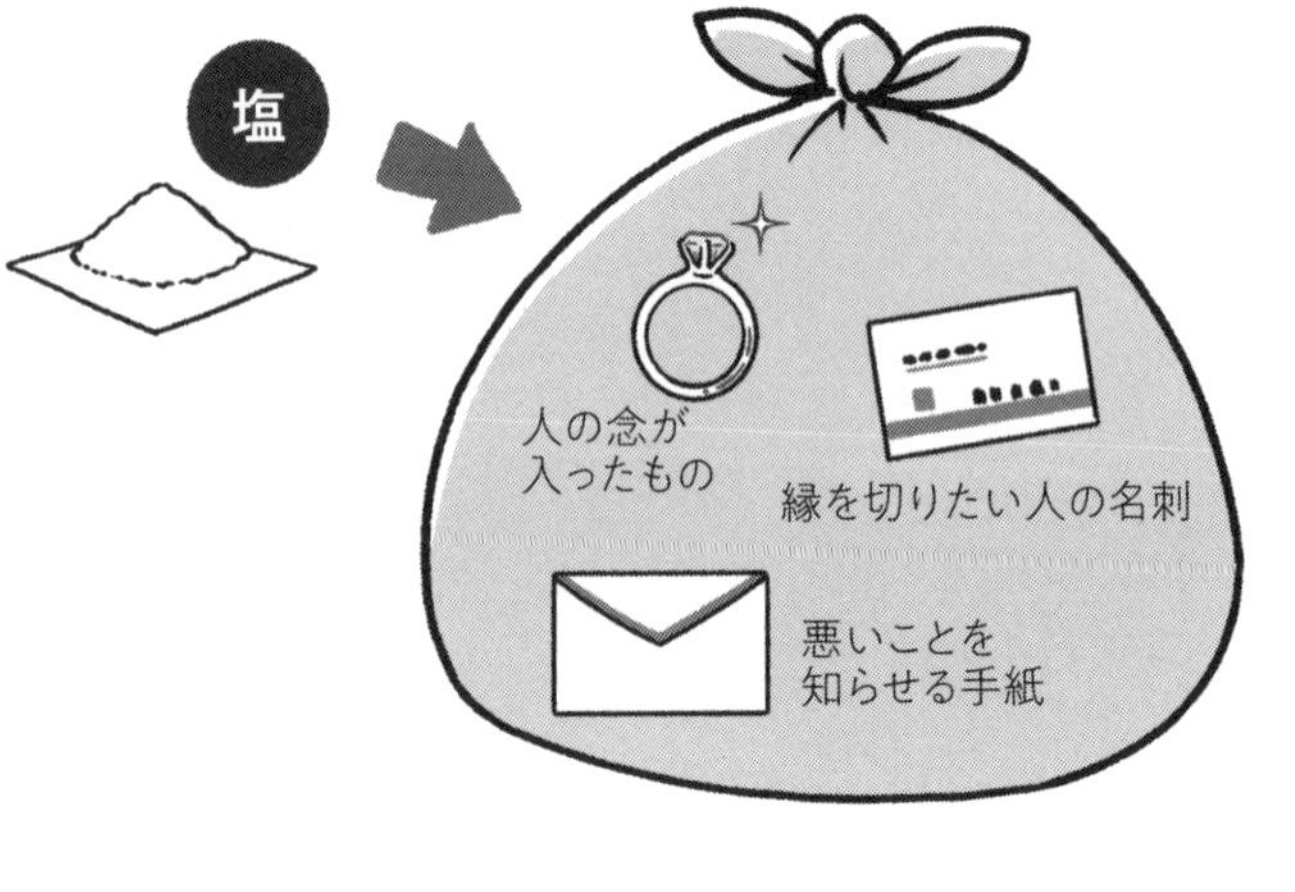

第5章

一日の浄化
～夕方編～

一番危険な夕暮れ時

「逢魔時《おうまがとき》」という言葉を聞いたことがありますか?

昼から、夜に移る時間。つまり夕方は、魔物の活動が盛んになる時間と言われています。

だから、夕方は最も魔物に遭遇する。魔に逢う。そう言い伝えられてきたのです。

日本には、境い目、つまり移り変わる変化のときに、物事が不安定になるという考え方があります。

たとえば、よくご存知の鬼門・裏鬼門というのも、この考え方によるものです。

日本で暦に使われている十二支はご存知ですよね。

「わたしは戌《いぬ》年生まれ」、あるいは「丙午《ひのえうま》の女性は強い性格で結婚できない」

このように覚えていると思います。この十二支は、年だけでなく、月、日、時、そして方位にも当てはめられています。

昔の日本人は、季節では、冬から春に移り変わる丑寅《うしとら》のときと、夏から秋に移り変わる未申《ひつじさる》のときが、一番不安定な時期と考えました。

これを方向に当てはめ、丑寅にあたる北東が鬼門。未申にあたる南西が裏鬼門としたのです。そして、ここから邪気が入ることを防ぐために、鬼門よけをしました。

この鬼門・裏鬼門の考え方は、中国から伝わる風水とは異なるものです。

日本独特の、変化に対する考え方があるのです。

日本には古代から「辻占い」という占いがありました。夕方、四つ辻、つまり交差点に立ち、出会う人が交わす会話で未来を占うものです。四つ辻は、異界との境い目。そして、夕暮れもまた、夜という異界との境い目です。

ここで交わされる会話には、神の世界からの情報が伝えられていると考えられていたのです。今でも、大阪にある瓢箪稲荷神社では、この「辻占い」が受けられます。

フェーズが異なるものが交わるところ。それは、この世とあの世の交差点。開かない扉が開いて、あの世からのメッセージを受け取れると考えたのです。

地形で言えば、四つ辻、つまり交差点。時間で言えば、夕方。季節や方位で言えば、丑寅と未申、ここは、現界と異界が交わるポイントなのです。

だから、これら切り替わりのときというのは、最も浄化・邪気除けの必要があると考えられてきました。

これは人生でもいえること。よく変わるときでも、悪く変わるときでも同じです。変化のときに、わたしたちは不安定になります。

それは、人間は、現状維持が最も心地よく感じるからなんです。前述しましたが、これを「コンフォートゾーン」と言います。

「同じようなダメな男性ばかり好きになるのはどうして？」

「人生で同じような失敗ばかり繰り返すのよねー」

これは、あなたが、たとえそれがマイナスとわかっていても現状維持を強く望んでいる証拠なのです。ダイエットのリバウンドも同じです。

生理的に人間は現状維持を望むもの。現状維持を破る「変化」は、たとえそれが良いことでも悪いことでも、かなりのストレスがかかるのです。

それはわたしも同じです。初めて本を出版するとき、知らない世界に入ることに大きな不安を感じました。

「有名になって、プライベートの生活がなくなったらどうしよう」

今となっては、「バカなんですか？」と自分に言いたいです。

年間に出版される本は、現代はおよそ7万部程度。そのうち、有名人になる100万部のミリオンセラーは、コミックを抜かせば、1冊出るか出ないかです。

「有名になったらどうしよう」と悩む時間があるなら、「有名になるほどの本を書くにはどうしたらいいのだろう」と真剣に悩むべきなのです。

でも案外、このように、ありもしないことを心配している人が、少なくないことを鑑定や講演会などでよく感じています。

わたしは出版を目指している人に対しての「出版セミナー」に登壇することがたびたびあります。そのとき必ず、「出版したら、自分のプライベートが壊れませんか」という質問が出るので、「やはり、自分の環境が変わることに対する恐れがあるんだなぁ」とあらためて思います。

また、わたしは鑑定では婚活に力をいれていますが、一つ、とても気をつけていることがあります。それは、お客さまのマリッジブルーです。

「結婚が決まりました！」とご報告を受けても、籍を入れるまでの間に、「この人で本当に大丈夫か？」と疑問が湧いてきて、自分から結婚の話を壊してしまう方がいるのです。

そして、後から、復縁を望んで泣いて駆けこんでいらっしゃいます。

最近は、必ず、結婚が決まったお客さまにはマリッジブルーに対する心構えをお伝えするようにしています。

成功への不安、幸せになることへの不安、これは多かれ少なかれ誰にでもある心理なのですね。

そして、人生が悪くなる変化への不安は想像がつくと思います。でも、案外、不幸への不安と言っても、起きていないこと、起こるかどうかわからないことへの不安に押しつぶされそうになっていることは多いのです。

仕事での失敗が、そのまま人生の失敗と絶望したり、会社の上司からパワハラを受けたことで、自分はいなくなったほうがいい存在なのだと過剰に思い悩んでいたり……。打つ手があることに気がつかなくなって、悩みが妄想のレベルまで膨れ上がってしまいます。

これは、どちらも、変化に対する恐怖のため、ありもしないレベルにまで心配がエスカレートしているのです。

人は変化に弱い生き物。

このことを知っているだけで、自分を客観的に見ることができて、変化という波に上手に乗れる。そう、わたしは信じています。

現実に起きている問題にどう手を打つか、対処するかという悩み。

まだ起きるかどうかわからない、やってみないとわからないことに過剰に心配している「取り越し苦労」。

この2つは分けて考える、どちらに仕分けされる悩みなのかしっかり把握して考えることをお客さまにはお伝えしています。

「仕分け思考」ですね。

すると、漠然とあれこれ悩んでいるモヤモヤした考えがスッキリしてきます。


さて、昼から夜に移り変わる大きな変化の時間、逢魔時は、だいたい5時から7時ごろといわれています。

仕事をされている方なら、飲み会に行ったり、習い事に向かったり、デートの待ち合わせの時間だったり。

家事をされている方なら、家族に食事を用意したり、団欒の時間だったり。

ストレスなどないように思えます。浄化・邪気除けの必要などないと思うのではないでしょうか？

ところが、そこを魔が狙っているのです。

そして、この逢魔時が危ないのには、もう一つ、理由があります。

人間の欲が解放されるときと言われているのです。

「欲」というと、ピンと来ないかもしれません。自分が解放されるから、そこに隙が生まれて自分の思いが強く出てくるのですね。

仕事や家事など、やらなければいけないことに追われる時間。それが終わり、習い事に行く。飲みに行く。家族団欒で食卓を囲む。デートする。

あなたの欲しいものに気持ちが傾いていきます。

楽しいときだからこそ、魔が多い。しっかり気を引き締めて！　というメッセージなのですね。

では、この逢魔時に、邪気を払い浄化するためにはどのようなことがあるでしょうか？

2つのポイントをご紹介しましょう。

それは、

・食べ物
・持ち物

この2つに分けて、魔に逢わないための邪気除け、浄化方法をお伝えします。

邪気に打ち克つ「食べ物」

変化のときに、邪気を除けるために、昔の日本人はどんなことをしたか、考えてみてください。

一つには、精をつける食べ物を食べる。

もう一つは、縁起の良い食べ物を食べる。

この2つなんですね。

まずは、精をつける食べ物のお話をしましょう。

「土用の丑の日にはうなぎを食べる」

これはご存知ですよね。土用というのは、土曜日のことではありません。

季節もまた、先ほどご説明した五行に分けられます。

春は木、夏は火、秋は金、冬は水。

そして、それぞれの変わり目に土のエネルギーが当てはめられています。

これを土用と言うのです。

だから本来、「土用の丑の日」というのは、四つの季節にそれぞれあります。でも、夏の土用が一番、夏の疲れが出るからとして、「うなぎを食べて精をつけましょう」となったのです。

「変化のときは、体力つけて勝て！」

ということですね。

実はオーラ透視をしていて、このことは、わたし自身が痛感していることなんです。

前述しましたが、わたしはお客さまの悩みや、お客さまの持っているマイナスのエネルギーを被りません。それは、お客さまが、ありがたいことに鑑定によって前向きに気持ちが変わったり、スッキリされたりして、そのプラスのエネルギーが、わたしにも伝達されるからです。

でも、実はプロになって最初のうち「被り」を何回か体験しました。「被り」を受けると、どうなるでしょう。それは自分の中に他の人の想念が入ってくるイメージです。

たとえば、旦那さまが浮気して、怒っている奥さまが相談に来られたときのことです。家に帰り、なぜかイライラして、夫に八つ当たり。ケンカになってしまいました。

そのときは気づかなかったのですが、後になって、「あれ？　なんで、あんなに夫に腹が立ったのだろう？」みたいな不思議な感覚に陥りました。

心霊番組で、霊が出る家に住んでいる方が、霊能者がお経をあげると、「ぎゃー！　やめろー」と怒鳴ったりしている場面を見たことがありませんか？　その人の声とはまったく違う声、口調で汚い言葉を口にして、のたうちまわっている……。

あれは、霊に乗っ取られているのですね。霊を被っている状態です。

あのような霊障の軽い感じです。自分ではない想念の波動を受けて、自分の想念が共鳴している状態なんです。

そして、肩が痛くなったり、重くなったりします。マイナスの想念エネルギーが肩に乗ってしまうのですね。

わたしは、そのような体験が少なかったために、かえって自分がどのようなときに被るリスクが高まるかが、すぐにわかりました。

ずばり、ヘトヘトに疲れているときなんです。

その頃のわたしは、一日に何人もの方の鑑定をしていました。オーラ透視は、真剣勝負なのでとてもエネルギーを使います。

休みなく鑑定していると、魂が吸い取られたように疲れてしまうのです。

そのとき、被ります。

自分の魂が吸い取られたような疲れは、身体と魂がしっかりと結ばれない状態。そこに、他のエネルギーが入ってきてしまうのです。

わたしは、除霊はしていませんが、わたしの親しくしている除霊をしている方は身体を鍛えている方が多いのです。身体の状態はスピリチュアルにとても重要なファクターなんですね。

そのことに気付いてから、わたしは鑑定の人数を限らせていただくことにしました。

これには驚くほどの効果がありました。ほかにもさまざまな祓りを払う方法はあります。でもまずは、自分の身体を軸とすること。これが基本中の基本となります。

わたしは、食の専門家ではありませんが、身体を整えるための食生活、エネルギーを失わないための食生活を心がけています。

たとえば、糖分の取りすぎ、アルコールの取りすぎなど、明らかに悪いと思われる食習慣は気をつけてくださいね。

糖分は、高血糖、低血糖を繰り返します。血糖値は感情との関連が強いのです。高血糖のときは強気で怒りやすくなり、低血糖のときは落ち込みやすくなります。

糖分だけでなく、食品添加物も血糖値を急激に上げます。急激に上がった血糖値は急激に下がります。気持ちが不安定になる原因となるんですね。

子どもがキレやすい性格の場合は、血糖値を急激に上下させる食生活が関係していることが多いと言われています。

精製された白い食材は血糖値を急激に上げる作用があります。玄米や黒糖など、緩やかに血糖値を上げるものを選ぶようにしてください。

また、アルコールに関しては、言うまでもありません。

アルコールによる失敗を一度でもしたことのある人なら、わたしをはじめ誰でも、アルコールで泥酔状態のとき、魔が入ることはおわかりだと思います。

芸能人もアルコールによる失敗が取り返しのつかないことになっているのをみると、「お酒はほどほどに」の必要性を痛感しますね。

逢魔時に、楽しく飲み会。解放的になり、とんでもない失敗をしないよう気をつけてください。

また、栄養的にも、スピリチュアルの観点からみても、旬の食材はエネルギーの値が違います。

旬の食材を食事に取り入れることは、あなたの運気もアップし、邪気を除ける力になります。

そのほかにも、自分の身体を整える食事に関しては、多くの説や情報が巷《ちまた》にあふれています。参考にして、無理のない範囲で取り入れてください。

自分の体調が整うものを食事として取り入れる。それが、自分のエネルギーの値を上げて、邪気を払う力となる。そう意識して食生活を見直してみてくださいね。

邪気をはねのける「持ち物」

さて、逢魔時、邪気をはねのけるアイテムをご紹介しましょう。バッグの中に忍ばせる、引き出しなどに置いておく、などして浄化・邪気除けをしてください。

「鍵」

鍵は、心の隙に入り込む魔を退けるシンボルです。

鍵自体は、自宅のドアによって作り変えはできないもの。ですから、キーホルダーを意識してください。

自分が守りたいもの、あるいは、やめたいものをイメージさせるキーホルダーにするといいですよ！

たとえば、逢魔時、お酒の失敗が多い方は、お酒のデザインされたキーホルダーにすると、禁酒、あるいは飲みすぎ禁止の誓いとなります。

浪費の魔が入る方は、風水ショップなどで、貨幣の風水アイテムをキーホルダーとするのもおすすめです。

人間関係で傷つきやすい方は、ハートのデザイン。自分の心や愛情を守るものとなります。

鍵は、扉を閉めてしっかり守るもの。逢魔時に入りやすい魔物から、自分を守る誓いを立てる。そんな気持ちでキーホルダーを選んでくださいね。

「鏡」

鏡は万能の邪気除けアイテムです。風水でも、邪気をはねのけるために使います。多くの人が集まる場で疲れてしまう人は、バッグの中に、鏡を外側に向けて忍ばせてみましょう。あなたを守ってくれますよ！

「くし」

くしをプレゼントすると、その人と縁が切れるとの言い伝えが日本にはあります。縁切りしたい人とどうしても会わなくてはいけないとき、バッグに忍ばせてください。ステンレスなど、金物のくしがおすすめです。

プレゼントは難しいかもしれません。相手がこの言い伝えを知っていたら、怒りの気持ちを引き出してしまいます。トラベルセットなど、相手にバレない工夫をしてくださいね。

「塗香」

塗香《ずこう》はあらゆるシーンで浄化・邪気除けの力を発揮するもの。特に霊的な障りに強いと、わたしは感じています。

仕事の場では、難しいですが、アンタ－５なら、お香の香りがしても大丈夫という方に、使い方を説明しますね。

使い方は、仏教の宗派によって違いがあります。わたしがお伝えするのは、簡略化したやり方です。

塗香は、お香が粉になっているものです。まず耳かき一杯くらいの、本当にちょっとの量をつまみます。

次に、薬指の付け根にチョンと載せます。薬指は、五行の水のエネルギーを表す指。ここに塗香をつけることで「香水」となります。

そして、両方の手のひらをすり合わせます。その手を胸のあたりで交差させて浄化します。

肩を払ったり、口災が気になる人は舌に載せてください。

ちなみにこれは、絶対のやり方ではありません。

もっと気軽に、手をすり合わせ、身体を払うだけでも大きな効果があります。

マイナスのエネルギーを被ってしまったと感じたとき。訪問した場所に変な感じがしたとき。そして肩が重くなり痛みが出るなどの霊障を感じたとき——そんなときに結界を張ってくれます。ついてしまった邪気を浄化し、払ってくれます。

いろいろなシーンで、塗香に頼ってくださいね。

「パワーストーン」

パワーストーンブレスレットは男性・女性問わず、たくさんの方々が身につけています。購入するときに、自分の願いごとに合わせたものを買っていると思います。

案外、実行していないと感じるのが、パワーストーンそのものの浄化です。

・セージの葉を燃やして、その煙であぶる
・お線香の煙であぶる
・流水で浄化する
・満月の光にあてる
・ドライアイスの煙であぶる

などの方法があります。タイミングに決まりはありませんが、わたしは月に一度は行っています。

なんとなく、輝きが曇ってきたと思ったら、必ず浄化してくださいね。

パワーストーンは、空気清浄機と同じ。そのものの掃除が絶対必要です。邪気を吸いこみ溜まったものを身につけていることになるのです。パワーストーンそのものの邪気払いも忘れずに！

「アロマ」

アロマオイルも、塗香と同じです。香りがマナー違反とならない場所で使ってくださいね。

アロマオイルをアクセサリーや、小物として持ち歩く容器も売っていますよね。

香りが気になる場合は、そのような容器に入れて持ち歩いてください。

「ハンカチ」

白い布は、浄化・邪気除けのシンボルです。洋服を白にするのもおすすめです。絹布《けんぷ》は神さまへの捧げものでした。絹《きぬ》あるいは、木綿などの自然素材の布にしてください。

気軽にできるものとして、白いハンカチを持ち歩き、邪気を感じたときに手を洗い、そのハンカチで拭く。

あるいは、布は、悪霊を防ぐ旗として使うこともありました。布は振ることでパワーを発揮すると言われています。白いハンカチを振るのもいいでしょう。サッと身体を払う仕草なら目立つこともありません。

「ポーチ」

大切なものを包んでおくこと、箱の中に入れておくことなどは、そのものを守るパワーが働きます。

たとえば、財布などの守りたいものはポーチに入れておくのもいいですね。

最近では、バッグインバッグなど、バッグの中を整理するアイテムも売っています。バッグの中がごちゃごちゃなのはもちろん、運気を落とすことになります。ポーチなどの整理用品で仕分けをして、バッグの中を美しく保ちましょう。

仕分けは、重要な開運行動です。

それぞれの用途に合わせて、運気が良くなるようなポーチや整理アイテムを選んでください。

色のパワーを使いたいときは、40ページを参考にしてください。

また、43ページにある開運和柄の模様を取り入れるのもおすすめです。

また、もう一つおすすめなのが、そのポーチに名前をつけることです。

・美しくなるポーチ
・仕事の人脈を広げる名刺入れ
・開運財布

心の中でその価値を名付けて、使うときにその名を思い出してください。

あなたの思いは、物にも刻まれていきます。そして、大切に扱われた物は、あなたにまた恩返しをしてくれるのです。

「お守りや護符」

言うまでもなく、身につけることであなたを強力に守ります。

あまりたくさんのお守りをポーチなどに入れて持ち歩くより、ここぞというものを厳選してください。

自分を守っていただいたと感じたら、お礼のお参りに行ける場所のものがおすすめです。

いかがでしょうか？　逢魔時にあなたを守る持ち物をご紹介しました。

逢魔時は、黄昏《たそがれ》時です。「誰《た》そ彼＝彼は誰？」という時間。つまり、物事の本質を見抜けない時間なのです。

夕方を、自分の好きなこと、好きな人との交流に当てている方が多いと思います。だからこそ目が曇る。本質が見抜けない。そんなことがないようにという戒めがあるのですね。

魔物に遭遇して襲われないように、無事でいてくださいね。

逢魔時（夕暮れ時）は不安定な一番危険な時間帯

旬の食材を食べたり、邪気除けのアイテムを持ったりして、
邪気を払う力としましょう

第6章

一日の浄化
～夜編～

夜の時間と無意識の世界

さあ、一日の終わり、夜を迎えました。

ここでいう夜とは、陽から陰に変わる夕方の時間を経た、陰としての時間です。

つまり、仕事や家事を終え、食事が終わり、寝る前の時間ですね。

と言っても最近は、夜、寝る直前までスマホやテレビを楽しんでいる方も多いですよね。

「陰の時間」という感覚はないかもしれません。

「帰宅したらテレビもスマホも見ないで瞑想して、静かな音楽を聴いて寝てください」

と言っても無理じゃないですか？

開運だ！　邪気除けだ！　と言っても、無理な方法は結局、挫折してしまいます。

挫折しないやり方というのは、その人によって違うものです。

たとえば、ダイエットをイメージしてください。運動が好きな人なら、毎日ジョギングすることも可能かもしれません。

でも運動が苦手な人の場合、食生活の改善のほうが成功する可能性は高いですよね。あまりに無理があると挫折し、リバウンドしてしまいます。

そして「挫折体験」として、自分の潜在意識に刻まれていきます。これが怖いのです。

成功体験を積み重ねることが、開運のキーポイントです。

「でも、成功なんて、簡単にできない……」「わたしには無理」

そう思いますよね。わたしも思います。それは成功のイメージが高すぎるから。

バリバリ仕事して、お金持ちになって、素敵な人と結婚して、可愛い子ども。一軒家のお庭には白いブランコ……みたいなイメージ持ってませんか？

わたしも持っています。

でも、そのイメージの中の成功と比べて、「自分はダメだ」「とても無理」と思っていたら、「負け犬のわたし」「ダメなわたし」と自分に暗示をかけてしまうことになってしまいます。

自己暗示によって刻まれた潜在意識の情報は、好んで「負け犬のわたし」になることを選び続けてしまいます。

わたしがオーラ透視でみる潜在意識の情報は、多くがループを繰り返す原因となっています。

たとえば、こんなお客さまがいらっしゃいました。

とても仕事のできる営業職の方です。でも、どんどん成績が上がるにつれて、いつも人間関係の雲行きが怪しくなってきます。

上司や同僚に妬まれて意地悪をされたり、もっと要求が高くなってきて、本人がクタクタになり、辞めざるをえなくなってしまうのです。

その方は何も悪いことはしていないので、「上司が悪いから」「職場環境が変わったから」と思っていました。

オーラをみると、仕事の状況を象徴する「腕」に、たくさんの荷物を抱えて、倒れそう。だけど、視点は上をみて明るい顔をしています。

この方は、いつも挑戦をしたい方なのですね。だから成果が得られ、落ち着きそうになると、辞めたい気持ちが湧いてきて、次に行かざるをえない状況を引き寄せていました。そしてまた、挑戦に燃えるのです。

もっと深くみると、この方は、ご両親からいつも否定されて、「お前はダメな子だ」と言われていました。

だから、褒められることに無意識の恐れがありました。いつも怒られ、ハッパをかけられ、頑張れと言われる立場が好きなのです。また、この方は運動部で、頑張ることが当たり前の青春を送っていました。

それはそれで、悪いことではありません。でも頑張るだけ頑張って、その実を結ぶ直前に辞めて、またゼロから始めるループは、とても大変なこと。

この方には、辞めてもいいから、役職につく、あるいは給料がアップするなど、頑張りの成果を実感してから辞めてくださいとアドバイスしました。

そんな小さなことですが、劇的に人生が変わり、今は起業して成功されています。

また、こんな方もいらっしゃいました。

とても母性が強い方なので、俗に言うダメンズとの恋愛を繰り返していました。借金を抱えた男性や、無職の男性に貢いでは捨てられるという恋愛パターンです。

この方は男性を育てるのが上手で、必ず一人前に育ててあげていました。でも、そうなると突然振られてしまいます。

向こうから離れていくので、本人には、潜在意識のループという自覚がなく、表面だけみると「利用されてしまう都合の良い女」です。

その方には、人を育てるアルバイトをしていただき、犬を飼い、観葉植物を風水的に良いところに置いていただきました。

「育てたい！」という母性のエネルギーを、男性ではない方面で消費していただいたのですね。

また、食事はごちそうしてもコーヒーはごちそうしてもらう、小さな成功体験トレーニングもしてもらいました。

今、その方は、年下ですが経済的にも人間的にも頼りがいのある男性と結婚されました。

潜在意識の情報のループは、願望に姿を変えて強力に影響を及ぼします。

だからこそ、成功体験を積んでほしいのです。

そして、高い目標ではなく、成功すると予測できる目標、簡単な目標で体験していきましょう。

まずは、やれそうなこと、小さなことを習慣化していく！　これを自分の基準に照らし合わせてやってみてくださいね！

そして、長期計画は、とんでもなく高い目標を立てていただきます。たとえば、世界平和に役立つ起業家になる、世界中の人の人生を好転させるミリオンセラー作家になるなど……。

目指すは、天頂。そして、今やるべきは、足元のやれることを一つ一つクリアしていくこと。これを意識してください。

さて、話を浄化・邪気除けに戻します。

夜の時間では、３つの浄化・邪気除けの方法をご紹介します。

努力いらずで簡単にできるものばかりですので、ぜひ試してみてください。

夜の邪気除け、その１「入浴」

まずは入浴です。可能なら、お風呂にお湯を張って浸かることをおすすめします。

いつもシャワーの方は、邪気を被ったと感じたときだけで大丈夫です。肩が重い。疲れが普通じゃない。そんな感覚のときには、お風呂にお湯を溜めてゆっくりしてください。

お風呂はスピリチュアルな考えからみると、日常の禊《みそぎ》です。

禊とは何でしょうか？

「罪や穢れを落とし、自らを清らかにすることを目的とした、神道における水浴行為」と事典にはあります。

古来、伊勢神宮には、近くの二見浦《ふたみがうら》の海で禊をして、穢れを払ってからお参りするのが正式とされてきました。

この禊が簡略化されて手水となったのですね。

また、仏教では、滝行というものがあります。滝壺に入り、滝に打たれながらお経を唱える、密教や修験道の修行です。穢れを払い、自らの邪念を取り除くために行われます。

もちろん、お風呂の中でお経を唱えたり、水風呂に入る必要はありません。

「水垢離《みずごり》」と言って、寒い日に、桶で汲んだ水を身体にかける修行のように、お風呂で桶を使い水をかぶる人もいます。

それは、修行に近いものなので、自分を鍛え直したいときや、マイナスの気持ちから抜けられないときなどにしてください。また、健康に不安がある方は、気をつけてくださいね。

わたしがおすすめするのは、修行ではなく、浄化・邪気除けの入浴法です。

やり方は簡単。浄化・邪気除けのパワーがあるものを、入浴剤としてお風呂に入れるだけ。

いくつかご紹介しましょう。

「塩」

浄化・邪気除けに塩は欠かせません。大きなスプーンいっぱいくらいの塩を入れます。

このとき、気をつけるのは天然の塩であること。わたしはヒマラヤ岩塩の粉状のものを好んで使っています。温泉気分を味わえる硫黄の匂いもいい感じ！

また、神棚や仏壇にあげた塩もお風呂に入れています。神仏へのお供物は、捨てずに食べたほうがいいのです。でも塩は衛生上の不安もあり、そうもいきません。お風呂に入れてみてください。

「お酒」

アルコール度数の強いものがおすすめです。なるべく40度以上。殺菌作用、身体を温める効能もありますね。お供物のお酒も入れてみてください。

「お香」

わたしが、「得度《とくど》」というお坊さんになるための修行をさせていただいたとき、「かっこう」というお香が浮かんだお風呂に入ってから行に入りました。心身を清めるためのもので、入浴剤がお香のお店などで販売されています。

お香と漢方薬は、多くが同じ成分です。漢方薬店で、お風呂に入れても大丈夫な薬草を購入し、お茶パックに入れて使うのもいいでしょう。

「食品」

ショウガは、その香りで邪気を除けます。

冬至の日に入るゆず湯は、お金を融通させるといわれています。

よもぎは古来、魔除けの力があるとされてきました。

大根の葉。大根は1月7日の七草のひとつです。大根の葉をお風呂に入れると厄除けになるとの言い伝えがあります。

菖蒲湯は、端午の節句に入るもの。邪気を払うとして中国から伝わりました。

「アロマ」

お香と同じく、心身を清める効能があります。香りはお店の方に聞いたり、専門の方の意見を参考にしてください。わたしは、ラベンダーやカモミールなどを使っています。肌に触れるので、必ず安全性を確かめて、天然のものにこだわってください。

お香もアロマも、実は人工的なものがたくさん販売されています。特にお香は、木のチップに香水を振りかけただけのものがたくさん出回っています。

自然の香木は、いま人工的に作ることができません。それも過剰な伐採のため、価格が高騰しています。信頼できるメーカーのものを選んでくださいね。

たとえば、松栄堂や鳩居堂、そしてわたしが香司《こうじ》として所属している薫物屋香楽をおすすめしています。

「シャワー」

入浴はしないで、シャワーのみという方は、背中の首の付け根にシャワーを浴びる時間を長くしてください。風邪を引いたとき、ゾクゾクとするところです。ここから邪気が入るといわれています。

だから着物は、ここに家紋を入れるのですね。一族をあらわすマークをつけることによって、ご先祖さまからの力で邪気から守ってもらおうとしたのです。

夜の邪気除け、その2「瞑想」

瞑想は、今、ブームと言ってもいいくらい、多くの方が実践しています。

スティーブ・ジョブズが瞑想を習慣にしていたことは有名ですよね。

マインドフルネス瞑想は、科学的にもその効果が証明されています。

また、禅宗のお寺に行くと、瞑想を教えてくださるところがあります。

密教では、「阿字観《あじかん》瞑想」というイメージを使った瞑想を教えてもらえます。

ヨガでも、さまざまな瞑想を学ぶことができます。

今は、YouTubeなどで学ぶこともできます。自分が興味があるもの、やってみたいと思うものからスタートしてください。

すべてに共通しているのは、深い呼吸です。陽の時間、ストレスでピリピリしている神経を静めることです。

心を無にすることはできないかもしれません。邪念が湧いてきても大丈夫。深い呼吸をするだけでも効果はあります。

瞑想を眠る前の習慣にすることで、一日のストレスという邪気が浄化されるのです。

夜の邪気除け、その3「夢の時間」

寝ているときは意識がありません。だから浄化・邪気除けは意識的にはできないと思われるかもしれません。

わたしは、たくさんの方を鑑定して、「成功者」と呼ばれる人の多くに「夢見が普通ではない」という方が多いことに気づきました。

「好きな夢を見ることができる」

「連続テレビドラマのように、夢の続きを見ることができる」

「正夢が多い」

「同じ夢ばかり見る」

「夢の中でアイデアが降りてくる」

などなど……。


夢の内容は記憶していないかもしれません。

でも、寝ているときに、わたしたちは記憶の整理をしていると言われています。

夢を見ているときでも、わたしたちの脳は働いて潜在意識に触れています。

記憶として植え付けられたものは、運命に大きく影響します。

①良い環境で質の良い眠りを得ること
②スピリチュアル的な夢のワークをすること

この2つで、一日の邪気を払い、浄化し、開運しましょう。

①良い環境で質の良い眠りを得ること

これは陰の環境を作ることです。

枕元に、スマホを置くのはあまり賛成できません。少し離れたところに置いてください。動くものが枕元にあるのもNG。時計もデジタルがおすすめです。針が動くアナログは、動の気が、静の環境を乱してしまいます。

照明も真っ暗か、ほのかな灯りがおすすめです。

寝室のインテリアは、風水の章で詳しくお伝えしますが、落ち着いたカラー、落ち着いたインテリアが基本形です。

音楽やテレビをつけっぱなしにして寝るのは最悪。静かで、気持ちを落ち着かせる空間をイメージすれば、寝室の環境を選ぶことができるでしょう。

②スピリチュアル的な夢のワークをすること

まずは、寝る前に「こんな夢を見る！」と決めて、イメージして、眠りについてください。

信じられないかもしれませんが、トレーニングで夢をコントロールできるようになれます。毎晩ではありませんが、そのような体験をすることができるということです。

そして、夢と現実は地続き。良い夢を見ることが、現実に変化を与えます。

あなたは、自分の見た夢が、その日の気分になんとなく影響を与えていると感じたときはありませんか？

楽しい夢を見た後の一日と、悲しい夢を見た後の一日をよく観察してみてください。起こる出来事ではなく、自分の深い部分の気分の変化です。夢の感情を引きずっていることに、きっと気がつくでしょう。

そう、夢と現実は地続きなのです。

寝ているときは、死の時間。起きているときは生の時間。夢はそこをつなぐ橋です。わたしたちは毎日「輪廻転生」を繰り返しているのです。

スピリチュアル能力向上のための研究・勉強をしているとき、仲間たちと夢の中で会うというトレーニングをしました。不思議なことに、何人か同じ場所を夢の中で見ていました。

「あそこにいたよねー」

「うん、いたいた」

みたいな話題で盛り上がりました。

その頃は、スピリチュアルのことは、人に話すこともはばかられる時代でした。

ＵＦＯを見たことがある人も、変わり者扱いされていました。

でも、いま、ＵＦＯの画像をアメリカが公開し、心霊写真は存在していることが明らかにされています。

わたしのオーラ鑑定、実はわたし自身、半信半疑だった頃もあります。鑑定を仕事にするようになり、お客さまと答え合わせをして、あまりにも当たっていて、お客さまよりわたしが驚いたことも一度や二度ではありません。

「なんで、みえるのだろう？　なんで当たるのだろう？」

そう思いながら、わたし自身が、わたしのみえているものを盲信しないように注意して、検証を繰り返し、セッションをしています。

よく聞かれる質問に、「本当にみえているのですか？　感じているのですか？」というものがあります。


「絵のようにみえるんです」


としかお答えのしようがありません。テレビをご覧になっていただいた方から「最初に情報を得ているのですか？」と聞かれました。

実はお客さまの悩みを聞いてからオーラをみるほうが、当たらない確率が増します。

失礼な言い方ですが、

「お客さまは嘘をつく」

そう、わたしは思っています。わたしに嘘をついているのではありません。お客さまがお客さま自身に嘘をついているのです。

お客さまはお客さま自身のことをわかってはいないことがほとんどです。だから、

「こんなことが、今のオーラに影響を残していますよ」
「こんな邪気があなたの人生の舵取りを狂わせていますよ」

と、真実を伝えるのがわたしの仕事です。

オーラはある。それは、人の想念の気のようなもの。それが肉体を持たない場合、霊となる。それが証明される日はいつか来るとわたしは信じています。

宇宙に生命体が存在すること、多次元の時間の存在、多元的宇宙……これまで怪しい話でしかなかったものが、物理学などの科学で明らかになってきました。

夢と現実の関連性は、まだ解明されていない部分もたくさんありますが、きっと明らかになってくるでしょう。

いま、わかっていることは、わたしたちは寝ているときに記憶の整理・定着をしているということ。

記憶は、潜在意識の要です。夢の時間を整えることで、意識の枠を広げたアイデアを得たり、邪気として残っているトラウマや記憶を浄化したりできる。大きな可能性がある！

そう、わたしは思っているのです。

見たい夢を見るワークの次は、夢を見たら必ず書きとめることをしてください。

夢の記憶は、あっと言う間に手のひらからこぼれ落ちてしまいます。起きたらすぐにメモをするようにしましょう。すると、夢と現実の関連がもっとはっきり実感できるようになります。

無意識の世界を意識にのぼらせる。これが開運の鍵。

そこにある邪気の正体を見極める。

夢の中で無意識の世界にタッチできるからこそ、それができます。そして、眠る環境の中で浄化する。それが現実の世界を変えることになるのです。

夜の邪気除け３つの方法

①入浴……お風呂は日常の禊

天然の塩を入れて邪気除け効果アップ！

②瞑想……ピリピリした神経を静める

深い呼吸を心がけましょう

③質の良い睡眠……寝ているときに記憶を整理・定着

「こんな良い夢を見る！」と決めてイメージして眠る
トレーニングで夢をコントロールしよう！

第7章

食べ物による浄化

縁起の良い食材

この章では、日本に古来伝わる「浄化・邪気除けの食材」のご紹介をします。

「桃」


邪気除けの食材として、まず頭に浮かぶのは、桃です。

桃は、神話の世界では重要な邪気除けの果実。黄泉の国へ去ったイザナミを追いかけていったイザナギ。でも、イザナミは、ウジが湧いた恐ろしい姿になっていました。逃げるイザナギを追いかける鬼女たちを追い払うために投げたのが、桃。

桃は、強い邪気除けのパワーがある果実です。

中国でも「桃源郷」という言葉があるように、不老長寿のパワーを持ち、神仏に捧げる「仙果」と言われています。

「ちょっと元気出ないな」と思ったら、桃のスイーツ、食べてみてくださいね。もちろん鬼女に追いかけられたときも。

「みかん」

みかんは、お正月の鏡もちの上に載っていますよね。正確に言うと柑橘系のダイダイという果実です。

家が代々栄えると言われている、めでたい果実。日本では不老長寿の国にあるとされ、そのオレンジ色の丸い形が太陽に似たイメージであることから、災厄や病を退ける邪気除け果実です。

「〝ん〟がつく野菜」

まず、神仏にお供えするものは、基本的に〝ん〟という言葉がついている野菜や果物が運を呼び込めて、良いといわれています。

「にんじん」「だいこん」「れんこん」「きんかん」などなど……。

その中でも、大根は、邪気除けのパワーが強く、聖天さまという神さまのお供えものとして有名です。

大根は、体内の毒素を浄化する働きから、浄化・邪気除けのパワーが強いといわれています。

「香りの強い香辛料」

これは日本だけではありません。世界中で、香りの強い香辛料は、浄化・邪気除けのパワーがあるとされていますね。


「ニンニク」

ご存知、ドラキュラの天敵！


「唐辛子」

風水アイテムとしても有名。玄関に吊るす赤唐辛子の飾りがあります。


「山椒」

中国では厄除け、そして子宝のパワーがあると言われます。

殺菌作用のある食材

「菊の花」

刺身についている菊の花は、物を腐らせにくくするため、浄化・邪気除けのパワーがあるとされます。


「梅干し」

長寿をもたらすと言われ、病を退ける縁起物です。

特に、申年《さるどし》の梅干しは、平安時代、疫病が流行したとき、時の村上天皇が梅干しで病を克服、この故事に習った紀州藩が、江戸時代に流行った疫病を免れました。

疫病退散、無病息災のご利益があるとして、とても珍重されています。

大阪の堀越神社では、申年の梅干しの種が、お守りになっているほどです。

行事の日に食べる、げん担ぎの食べ物

日本は、げん担ぎにあふれています。

暮らしの中に縁起の良いものを取り入れて、開運する「開運暮らし」が日本の生き方のベース。

その中でも、行事には、縁起の良い食べ物をいただく習わしがありました。

おせち料理は、その代表です。

「蒲鉾」
太陽の象徴。紅白の色はめでたさを表します。

「栗きんとん」
黄金色に輝くその色から、金運をアップすると言われます。

「黒豆」
いつまでもマメに働けるという縁起物。

「昆布巻き」
喜ぶにかけた、げん担ぎの縁起物。

このように一年の始まりは縁起の良い食べものを食べてスタートを切る風習は、今も継承されています。

月ごとのパワーフード

では、そのげん担ぎの食の中で、浄化・邪気除けのパワーフードを、月別に簡単にご紹介しましょう。

「1月」のパワーフード

「お屠蘇」

薬膳酒の一種、病を払い長寿をもたらすと言われています。

「七草粥」

１月７日に春の七草で作るお粥。最近ではスーパーでも、七草粥セットが売られています。邪気除け、無病息災のパワーがあるとされています。

「2月」のパワーフード

「節分の豆まき、恵方巻き」

鬼を退治します。恵方巻きは、歳神さまのパワーをいただきます。

「3月」のパワーフード

「雛祭り　菱餅　ひなあられ」

菱形は、胎児の形とも心臓の形とも言われています。菱の実は強い生命力があることから、厄を除け、健康に育つと言われています。また、ひなあられも浄化・邪気除けのパワーがあるとされています。

「春分の日　ぼた餅」

あんこの原料である「あずき」は、その赤い色から邪気を払うと言われています。

「4月」のパワーフード

「お花まつりの甘茶」

お釈迦さまの誕生日。誕生したときのお釈迦さまの像に甘茶をかけ、同じお茶をいただくと、災いを除けると言われています。

「5月」のパワーフード

「新茶」

お茶には強い殺菌作用があり、新茶は春のエネルギーが詰まっているため、災いを除け、長寿をもたらすと言われています

「6月」のパワーフード

「水無月」

三角のあんこの載った和菓子です。氷をかたどったもので、三角の形にも、またあずきにも、邪気除けのパワーがあります。

「7月」のパワーフード

「七夕のそうめん」

中国では疫病退散のパワーがあるとされています。「細く長く」ということで、長寿をもたらします。

「土用の丑の日のうなぎ」

夏バテをしないと言われています。丑の「う」がつく食べ物が良いとして、うどんや馬肉を食べるところも。

「8月」のパワーフード

「お盆　精進料理」

先祖を供養し、厄を払うと言われています。

「9月」のパワーフード

「秋分の日　おはぎ」

あずきには厄除けのパワーが。春のぼた餅と同じ。名前が秋には変わります。

「重陽の節句　菊酒」

菊は物を腐らせないため、邪気除けのパワーがあるとされ、霊力があると言われてきました。

「10月」のパワーフード

「月見だんご」

里芋の収穫期なので、里芋に似せて作ったお団子。収穫の感謝をあらわします。また、月に似た形から、月への信仰をあらわすとの説も。感謝と浄化・邪気除けの縁起の良いスイーツです。

「11月」のパワーフード

「酉の市　切り山椒」

風邪をひかないと言われています。

「七五三の千歳飴」

子どもが健康に育つと言われています。

「12月」のパワーフード

「冬至　かぼちゃ」

風邪をひかないと言われています。かぼちゃは「なんきん」といって、〝ん〟がつく食材。そのほか、銀杏、にんじん、レンコン、などを食べます。

「年越し蕎麦」

細く長く……ということから、病魔を払い、長寿をもたらします。

いかがですか？

この中には、もう現代には廃れてしまったと思われたものもありましたが、最近、コンビニやスーパーでは、このような行事食に力を入れて販売しています。

そのため、手軽に取り入れることができるようになってきました。

ぜひ身近なものとして、行事のときに特別な縁起の良い食べ物を取り入れていただきたいと思います。

なぜなら、それは開運にとても関連があるからなんです。

このような行事は、ハレの日です。

ハレとケという慣習は、運勢をリフレッシュするためには不可欠とわたしは考えています。

ハレは非日常、ケは日常です。

日常で疲れてしまい、エネルギーが枯れて邪気が溜まったものが「穢れ」です。

この穢れを払うために、行事のとき、特別なことをして、あらたな力を取り戻す。これが運の再生となるのです。

わたしがご紹介した、日本に伝わる行事にとらわれなくても大丈夫！

恋人やご夫婦なら、結婚記念日や誕生日、クリスマスなど、無理のない範囲で、お互いに感謝しあう日を年に一度は持っていただきたいのです。

また、仕事の場では、決起会や親睦会などの行事もいいでしょう。

最近は、そのような行事に否定的な考えの方もいらっしゃいます。

でもわたしは、日本人が、これだけ多くの行事を慣習として受け継いできたことには意味があると思っています。

日本人の暮らしは「開運暮らし」。

その節目節目に感謝して、また気持ちを切り替える。そのことで邪気を払い、福を呼ぶ。『除災招福』が叶うと考えられていたのです。

身体を整える食事。そして、行事のときの浄化・邪気除けのパワーがある縁起の良い食事。

これらは、魔を寄せ付けない、強いエネルギー体としてのあなたを作ります。

**縁起の良い食材、殺菌効果のある食材、
げん担ぎの食べ物、月ごとのパワーフードは
邪気を除け、福を呼ぶ！**

第8章

風水による
浄化・邪気除け

邪気をプラスに変える「置くだけ風水」

実は、わたしは風水のことを話したり書いたりすると、「お掃除特集」みたいになってしまうことを疑問に感じてくるようになってしまいました。

もちろん、掃除は、風水の大前提です。ごみ屋敷状態での開運はありえません。

「割れ窓理論」というものをご存知ですか？　窓が割れている家には、泥棒が入りやすいという統計があるのです。それと同じように、散らかったままの家や部屋は、邪気を引き寄せます。

でも、忙しい毎日。玄関の掃除、トイレの掃除、風呂の掃除、お洗濯、お料理を作ったら洗い物……書いてるだけでもしんどくなってきます。

「そんなに掃除ばっかりやってられない」

という方はたくさんいると思うのです。

今回、この「浄化・邪気除け風水」では、なるべく、掃除ではなく、「置くだけ風水」を目指したいと思っています。

風水では、これを「化殺《かさつ》風水」と言います。置物を使って「殺」、つまり邪気をプラスに転換する方法です。

もともと風水というものは、お墓の場所を見つけるところから始まりました。古代中国では、地形として優れている場所にお墓を作ることによって、子孫が代々繁栄すると考えられたのです。優れた地形を見極めることを「地理風水」といいます。

その地形を家に当てはめたものが「家宅風水」です。

玄関から入ってきたプラスのエネルギーが効率よく家を巡り、マイナスのエネルギーは追い出されるように設計する風水です。

また、エネルギーが弱いところには、強めるものを置き、強すぎるところには、強さをやわらげるものを置きます。これが「化殺」です。

風水というと難しく考えがちですが、基本的にこのエネルギーの流れを整えることをイメージしてください。

その上で、最小限のパワーで最大の効果を上げていきたいと思います。

次の項目ごとにご説明していきますね。

①地形
②玄関

③風呂
④トイレ
⑤寝室
⑥リビング&ダイニング
⑦キッチン
⑧その他

チェックポイント①「地形」

まずは、地形のチェックです。

その家の場所が、エネルギーの攻撃を受けていたり、不安定さがないかをチェックします。

・T字路の突き当たりや、カーブの外側は、エネルギーが家にぶつかってしまい、攻撃されている状態です。避けたほうがいいでしょう。

・周りに何もなく、ポツンと立っている高層マンションは、邪気から守られていないため、運気が下がります。
・落ち窪んだところにある建物。崖のようになっているところに立つ建物は、落ちる「気」を持っているため、よくありません。
・もともとが海や沼など、柔らかい土地の上にある建物も、土台が弱く、立場を弱めると言われています。

このように邪気を引き寄せやすい地形をまず避けることが第一です。その他、避けるべき地形、つまり邪気を受けやすい地形は、いろいろあります。ここでは代表的なものをあげさせていただきました。

反対に、風水で良い土地というのは、古来「四神相応」と言われる地形を代表に、守られている安定している土地です。

たとえば「四神相応」は、右に「青龍」という川の流れ、左に「白虎」という道、そして後ろに「玄武」という山に守られ、目の前が開けた「朱雀」という土地をいいます。

そのほか、こんもりと平らに盛り上がった土地や、高台で陽当たりの良い土地などが吉相の土地としてあげられます。

わたしは風水というのは、当たり前のことを当たり前に考えればわかるものと思っています。

プロの風水師は、玄関の向きと、クライアントの誕生日から複雑な計算をして、風水の処方を考えていきます。

でもその前に「普通に考えればわかるよね」ということがたくさんあるのです。

先ほどお伝えした「避けるべき地理的な条件」は、すべて、なんとなく不安定な、不自然な場所ばかりですよね。

そのような場所に住んでいると、わたしたちは、無意識に不安を感じ、マイナスの気を受けやすくなります。

以前、わたしは、多角形の形をしたマンションに住んだことがあります。

大家さんが住んでいる狭小地に立てた10階建のビル。その上層階が賃貸として貸し出されていました。

そのビルは、五叉路の角にあり、多角形の一つ一つの壁に窓がありました。

その頃のわたしは占いに興味も知識もありませんでした。駅近で安く、大家さんもとても良い人で、最高の物件を見つけたと喜んで契約をしたのです。

ところが、住んだ初日から、まさに地獄の日々が始まりました。

まず、家の中にいる感じがまったくしません。あまりに窓が多いため、野外にいるみたいな感覚に陥ります。

そして、夜、すさまじい金縛りに遭います。眠りに落ちそうになるとすぐ金縛りに襲われる。なんとか解いて起き上がり、また寝ると金縛りに遭う。それが夜中じゅう続くのです。

１か月もすると、次々と悪いことが起き始めました。その頃お付き合いをしていた人が大怪我をしたり、レギュラーの番組が急に打ち切りになったり……。

わからないながらも、「これは尋常じゃない！」と３か月で引越しを決めました。今考えると、そこは霊道、霊の通り道になっていたのではないかと思っています。

でも風水的にも、マイナス要素が満載ですよね。五叉路の角にある、一つだけ高いビル。マイナスの気が当たりまくりです。しかも多角形なので、部屋の中が角だらけなんです。

この「角」というのも気をつけなければなりません。梁とか柱の角が自分を刺すような向きにあるのは「殺《さつ》」となり、避けなくてはならないのです。

でも、この部屋の場合、そこらじゅうに角があり、８畳ほどの広さの部屋だったので、逃げ場がありませんでした。

先端恐怖症という病気があるように、人は尖ったものを向けられると多かれ少なかれ恐れを感じます。

この部屋は、風水的にも最大のマイナスの要素が詰まった物件だったわけです。

霊のせいなのか、風水なのか、今となってはわかりませんが、あまりにも如実に悪いことが起きた地獄の3か月間として、忘れられないものとなりました。

だからみなさんには「普通に考えれば、不安を感じる地形や建物」、この感覚を大切にしてほしいのです。

これが、「風水は理に適ったもの」であり、占いというよりは「環境学」と言われる由縁です。

さて、「もう、そんな場所に住んでしまっている」という方はどうしたらいいのでしょう。

いくつかのやり方があります。

エネルギーが攻撃的に当たる場所には、

・観葉植物を置く

・木を植える

- **衝立になるものを設置する**
- **角になるところを布で覆う**
- **鏡ではね返す**
- **カーテンで仕切る**

などです。

わたしたちは、意識にはのぼらなくても、無意識で察知しているものがあります。

- **先端が自分に向かってくる**
- **車や電車が建物に向かってくる**
- **角に当たる部分が自分に向かってくる**
- **建物の前が崖**
- **周りより下がってる**
- **斜めになっている土地**

などの不安定さをキャッチしているのです。

この不安定さや不自然さが邪気となり、運気を落とします。

だからこそ、その不安定な要素から自分を守ることが、邪気除けとなり、浄化となるのです。

まずは、家や部屋を選ぶときが大切です。

後から「化殺」するのは、傷口にバンソコウを貼るようなもの。まずはあまりにも不安定な物件を選ばないことを意識してくださいね。

チェックポイント② 「玄関」

玄関は、家宅風水では最も重要視されている場所です。

なぜなら玄関から「気」が入ってくるからです。

わたしが初めて風水を学んだとき、とても驚きました。

まず玄関の方位を測り、そこから家のどこに、どんなものを置くかを決めるからです。

「玄関の向きで、全部決まってしまうの？」

そうなんですよね。玄関がエネルギーの出入り口。良いエネルギーも悪いエネルギーも、お客さまのようなもの。だから良いお客さまだけが、気持ちよーく入ってきてくれるような玄関にしなければいけません。

レストランの入り口を見て、「感じ良さそう」と思って入ってしまうことありませんか？

そして中に入ってから「しまったー！　入らなければ良かった」と思うこともありますよね？

あなたのおうちやお部屋がレストランだと考えてみてください。良いお客さまが入ってくるには、どんなことが必要でしょうか？

もちろんきれいであることが一番です。そこから、玄関は掃除しなさいと言われるのです。

脱いだ靴が散乱していたり、宅配の段ボールが積み上がっていたら、お店には入りません。

「失礼しましたー」と出て行ってしまいます。

最初に申し上げたとおり、掃除は無理という場合、玄関のエネルギーを最小の努力で浄化するにはどうしたらいいでしょう。

それは匂い、香りです。

結論から言うと、備長炭を置いてください。

備長炭の浄化の力は強烈です。もともと自然の木だったわけですから、自然のパワーが凝縮されています。

家を建てる前の土地に炭を敷きつめる方もいるほどです。

また消臭力は、ご存知のとおりです。

おしゃれなカゴに入れて玄関に置いたり、シューズクローゼットの中に置いたりしてくださいね。

また、靴の散乱が直せない人は、靴の数を減らすことも考えてくださいね。

最小限の数を揃えて、古くなったら、次のものを買うという習慣です。玄関に脱ぎっぱなしでも邪魔にならない数に制限すればいいのです。

時代はミニマムに向かっています。

たくさんあるものを片付けるのは大変！

散らかして運気を下げるくらいなら、必要以上に物を持たない暮らしを考えてみてくださいね。

チェックポイント③「風呂」

汚れたものが流れていくところは、排水口と、窓です。

お風呂の排水口は、どうしても掃除が必要。汚れたままでは、邪気が排出されません。

でも、毎日のお風呂掃除は大変ですよね。

排水口の掃除は、最近、撒いておくだけで汚れが取れる洗剤が次々と発明されています。

それらを使うのもおすすめ。

髪の毛などを取る排水口のシールを使うのもいいでしょう。

「これだけ！浄化・邪気除け風水」は、追い焚きをしないことです！

お風呂に水を溜めて追い焚きするのは３日が限度です。できるなら毎日お風呂の水は排水してほしいのです。

お風呂に入ることで浄化された邪気は水に吸収され、溜めたままの水は邪気とともに蒸発し、マイナスエネルギーが家の中に充満してしまいます。

お風呂は、わたしたちが邪気を浄化する場所です。

浄化といえば、滝行をする人からよく聞くのが、かえって邪気をもらってしまったという話です。

滝壺の中には、行をした人から出た邪気が入っています。自分を守る力が弱い人は、それを被ってしまうのです。

わたしは必ず、仏道や神道の先生に一緒に行っていただくようにしています。読経や祝詞《のりと》などで邪気を払っていただくなかで行をすることが一番望ましいと思っているのです。

お風呂も同じ。家の中では、最も浄化・邪気除けの効果が強い場所です。

だからこそ、マイナスの気が流れた場所の浄化を必ず心がけてくださいね。

チェックポイント④「トイレ」

「トイレの神様」という歌があるように、トイレを掃除することは強運を引き寄せると言われています。

経営者にインタビューすると、家のトイレ掃除だけは自分でやっているという方も少なくありません。

トイレは金運と関連が深いと言われています。

申し訳ありません。トイレだけは掃除してください！

ここを掃除しなくてどこを掃除するの？　という感じです。

トイレ掃除も最近はさまざまな洗剤が出て、より簡単に掃除できるようになりました。ぜひトイレ掃除はこまめにしてほしいと思います。

さて、トイレの神さまって本当にいるの？　と思いませんか？

はい、います。仏教では、「うすさま明王」という仏さまがいらっしゃいます。

うすさま明王は、古代のインドで、あらゆる汚れを焼き尽くす炎の神さまでした。仏教でもその功徳は変わりません。

トイレは汚れの場所、悪鬼や怨霊の出入り口と考えられていました。そのため、うすさま明王の力でその不浄を焼き清めることができるとされています。

うすさま明王のお札を授与してもらえるお寺は各地にあります。お札をトイレの入り口や、トイレの高いところにお祀りするのもいいでしょう。

一方、神道では、「ハニヤスビメ」「ミツハノメ」という女神がトイレの神さまです。イザナミのふん尿から生まれたことから「トイレの神さま」と呼ばれるようになりました。トイレをきれいにすることは、悪鬼や怨霊を近づけさせないことになります。神さまのお力を借りれば、一層そのパワーも増します。

金運アップのためにもぜひトイレを美しく保ち、可能ならトイレの神さまを祀ってくださいね。

また、トイレにはなるべくいろいろな物を置かないことが原則です。マンガや飾り物など置きたくなると思います。

でも、アロマディフューザーなど、香りで空間を浄化するものだけにしておいてください。

置物が増えれば増えるほど、掃除する箇所が増えるのです。掃除をしないコツ、掃除を楽にするコツは、たった一つ！　物を増やさないことです。

「これだけ！浄化・邪気除け風水」、

トイレの場合は、掃除です。頑張りましょう！

チェックポイント⑤「寝室」

寝室は、健康運・恋愛運・夫婦和合などを司るところです。

最も重要、かつシンプルな浄化・邪気除け風水は、枕カバーとシーツを洗濯することです。でも、枕カバーのセッティングって面倒ですよね。シーツはさらに難関です。

まずは枕カバーの洗濯をしましょう。

無理なら、枕カバーの上にもう一枚、日本手拭いを置いて、それを洗濯してください。

日本の叡智、日本手拭い。日本の物ってなんて素晴らしいのだろうと思わずにいられません。

日本手拭いは、いろいろな用途を兼ねて使える優れもの。

タオルのようにお風呂で体を洗ったり、拭いたりするだけではありません。

鉢巻きにする。額縁に入れて飾る。キッチンで食器を拭く。ランチョンマットにする。

小風呂敷にする。バッグの上や、収納ボックスなど見せたくないものをフワリと隠す……

などなど、「なんてお利口なんでしょう」と涙が出るほどです。

枕の上に一枚敷けば、夜眠っているあいだに、あなたから排出される疲れやマイナスの念などの邪気を吸い取ってくれます。

また、日本手拭いには、縁起の良い和柄がたくさんあります。「開運和柄」の開運効果を、夜寝ているあいだに吸収できるのです。ぜひ日本手拭いを活用してくださいね。

シーツもこまめに洗濯してほしいところですが、こちらは無理のないところで頑張ってください。

さて、よく「頭はどちらにしたらいいのでしょうか？」という質問をいただきます。

「家相」という日本の風水のような考え方では、北向きが良いなどの教えがありますが、風水では、そのような決まりはありません。

むしろ、寝室のドアにかかる位置にベッドを設置したり、鏡に自分の寝姿が映ってしまう場所に設置することを避けてください。

寝室が眠るための場所と考えれば、イメージが湧くと思います。眠る場所は、「静」のエネルギーをなるべく使わなくてはいけません。

窓にベッドの頭をくっつけること、階段下にベッドを置くことなどもＮＧです。

窓の外や階段の「動」の気を受けてしまうからです。

ベッドの位置をずらしたり、カーテンを厚めのものにしたりしてくださいね。

同じように、ドアは、開け閉めするので「動」の気を持つもの。なるべくその影響を受けない位置にベッドを設置するようにしてくださいね。

また、寝室で注意していただきたいのが、梁。先ほどお話ししたように、角が自分の寝ているところを刺さないように、また、梁の真下に自分の身体が来ないようにしてください。

質の良い睡眠を作ることが、あなたのマイナスエネルギーをしっかり浄化します。

そして、魔が活動を始める時間に、寝ている無防備なあなたに邪気が入り込むのを防いでくれるのです。

チェックポイント⑥「リビング&ダイニング」

リビング・ダイニングは、ゆったりとリラックスする時間を過ごす場所です。

その時間に、昼の間に受けた邪気を浄化します。

「これだけ！浄化・邪気除け風水」は、ズバリ！　クッションや座布団、ソファーなどの布のものです。

これが邪気を吸い取ります。

昔から「座」というのは、その人の格を表します。この座るところが汚れていると、出世運、仕事運、また、家庭運も下げてしまいます。

こまめに洗濯をしたり、買い替えをしたりしてください。

わたしがおすすめするのは、春・夏と、秋・冬の2シーズンの季節ごとの買い替えや、クリーニングです。

ソファーは買い替えるわけにはいきませんから、ソファーにかける布を替えます。

季節ごとに気分がリフレッシュすることも、浄化・邪気除けとなります。

また、ワンポイントアドバイスですが、あまり物事がうまくいかないときは、座る位置を変えてみてください。定位置が決まっていませんか？「座」を思い切って変えることで、仕事の状況や家庭内の人間関係が良くなるきっかけになります。

自分の「座」を浄化し、邪気を払う。大きな開運につながることです。意識してくださいね。

チェックポイント⑦「キッチン」

キッチンは、火のエネルギーと水のエネルギーがぶつかるところ。

また、保存する物が増えやすいため、邪気も溜まりやすいところです。

「これだけ！浄化・邪気除け風水」は、物を増やさないことです。

第一、賞味期限切れの物を捨ててください。

第二、最小限のお気に入りの食器だけにしてください。

キッチンは、健康運を司るところです。

カビや、食べ物のカス、古い食品などは、邪気となり、あなたの健康を害します。

食器は、食べ物という運気を体内に運ぶものです。バラバラのどうでもいい食器は、あなたをどうでもいい人にしてしまいます。

キッチンには、ワクワクできる物を揃えて、一番大切な健康運をアップしてくださいね。

また、水と火のエネルギーバランスも大切！

冷蔵庫の上に、電子レンジを置いたり、蛇口のそばに炊飯器を置くなど、火と水が接することのないように気をつけてくださいね。

その他のチェックポイント

そのほか、風水には、たくさんのポイントがあります。この本で、すべてお伝えすることができません。だから、掃除が苦手な人が、これだけは気をつけて、邪気が寄ってこないようにしてほしいことをお伝えしました。

そして、もう一つ、とっても大切なポイントがあります。

それは、現代の玄関は、家の玄関だけではないということです。

マンションでは、マンションの出入り口を玄関とするのか、部屋の出入り口を玄関とするのかでも、風水師によって考えが違います。

また、ベランダが大きい場合、そこからも、気が入ってくると考えなくてはいけません。

そして、何より、風水が生まれた時代は、仕事の話や結婚の話を持ってくる人が訪ねてくるときには、玄関にやってきました。

でも、今は、仕事の話も、彼からの電話もメールも、すべてスマホやパソコンから入ってきます。

このスマホやパソコンの置き場所がとても重要です。第二の玄関と考えて、置き場所を整えていきましょう。

「これだけ！浄化・邪気除け風水」は最小限のパワーで最大の効果！

● 玄関に備長炭を置くだけ!

● 枕カバーの上に日本手拭いを置くだけ!

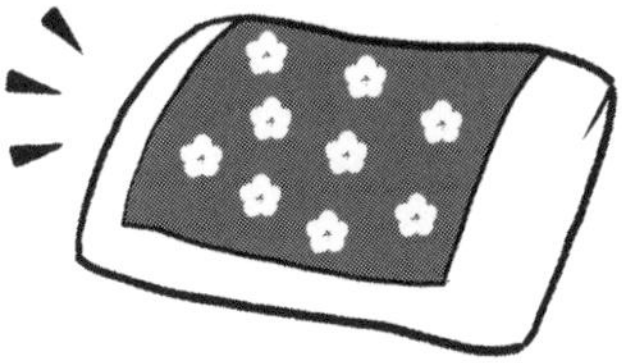

● キッチンには物を増やさない!

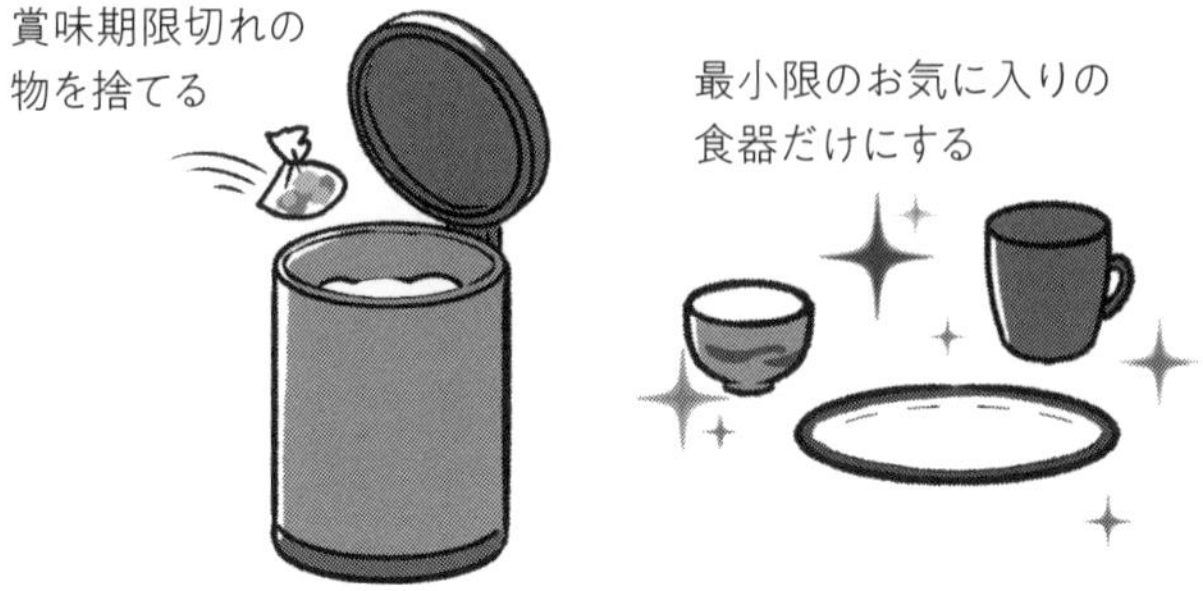
賞味期限切れの物を捨てる
最小限のお気に入りの食器だけにする

第9章

邪気がつきやすい人

邪気を受けやすい人は邪気を発しやすい人

あなたは、自分を邪気がつきやすいタイプだと思いますか？

あるいは邪気を発してしまっているかもしれないと思いますか？

邪気がつきやすい人、邪気を発してしまう人の傾向についてお話ししたいと思います。

でも、これをたとえば、被害者・加害者という立場で考えると、誰もが被害者にも加害者にもなり得るのです。

わたしは物事を、二極化で考えることを良しとしません。

マイナスをプラスにすることも可能だし、また、プラスがマイナスになってしまうこともあります。

邪気を受けやすい人は、邪気を発する可能性もあり、反対に、邪気を発してしまう人は、邪気を受けやすいとも言えます。

だからこの章では、邪気を受けやすい人と発する人の2つに分けることはしません。いろいろなタイプ別に、邪気を受ける場合と発する場合の両面に触れていきます。

そして、それぞれの邪気除け、浄化の方法をお伝えしますね。

だから、良い悪いの二極で考えず、もし邪気を受けたら、あるいは邪気を発してしまったら、それをどうプラスの種にしていくかを考えてください。

1 スピリチュアル能力のある人

霊能やスピリチュアルの能力者は、邪気を受けやすいことは、能力の裏返しとして多くあることです。

何故なら、邪気や悪霊は、自分の話を聞いてほしい。わかってほしいと強く欲しているからです。

あなたも、落ち込んだときや、腹が立ったときには、人に聞いてもらいたいですよね？邪気も悪霊も同じなんです。とにかく気持ちをわかってもらいたい、話を聞いてもらいたいと願っているんです。

だから話を聞く能力のある人のところに「聞いて、聞いて～！」と寄っていきます。

そのためスピリチュアル能力のある人は、浄化の方法もしっかりと学ばなくてはなりません。

「わたしは霊がみえるわけではない」という方でも、
「人の気持ちの裏側がなんとなくわかってしまう」
「場所のエネルギーをなんとなく感じとってしまう」
こんな方は同じカテゴリーに入ります。邪気や悪霊にとっては、感じ取ってくれることが嬉しいのですから。

では、このような場合はどうしたらいいのでしょう。

一つには、この本でご紹介した浄化や邪気除けの方法を学び、しっかりと実践していくことが大切です。自分をプロテクトすることです。

もう一つは、その能力を生かして人に貢献することです。

たとえば、人の話を聞いてあげる。あるいはカウンセラーのようなことを、仕事やボランティアですることもいいでしょう。

人の気持ちがわかってしまってつらいという方は、悩みを抱える人に、どのようにしたら悩んでいる感情をプラスに転じることができるか、一緒に考えてあげてください。

相手の気持ちがさっぱりわからない人より何倍もいいアドバイスができるはずです。

あるいは、仏道や神道の学びをして、本格的に浄化・邪気除けの力を磨き、悪霊を鎮めたり、供養したりする道もあります。

反対に、スピリチュアルな能力がある方には、邪気がつきやすいため、その波動に自分が同調してしまうことがあります。その結果、邪気を発する人になってしまいます。

それはどのような場合だと思われますか？　それは、特殊な能力があることを選ばれた力があると勘違いしてしまうことです。

わたしは、オーラ透視という特殊な能力を臨死体験で授かりました。

「霊能者のおばあちゃんが、自分の跡を継いでもらいたいと思っているのだろう」と考えて、占い師の道に進みましたが、自分が優れた存在だとはまったく思っていません。

人は、その人その人に、与えられた能力や使命があります。それは仕事だったり、子育てだったり、あるいは誰かの応援をすることだったり……その役割はさまざまで、そこに上下はないからです。

ひとりひとりが自分の命を生きること。それが、占いが示す「開運」なのです。

スピリチュアルな能力のある人が陥りやすい「慢心」には気をつけてくださいね。慢心は、邪気の大好物！　もっと邪気を寄せつけてしまいます。

また、邪気の存在がわかるために、排他的になることもあげられます。美しいものしか受け入れないというかたよった考えになりがちです。

これは相手に拒絶という邪気を発することになります。邪気を受けることに、あまりにも神経を尖らせることは逆効果。自分が人を選別し、寄せ付けないという邪気を放つことになります。

スピリチュアルな力は人のために生かすものと捉えて、次のステップを目指してくださいね。

2 愚痴や文句の多い人

これは、マイナスの思考にはマイナスのエネルギーが寄ってきてしまうという波動の法則から明らかなことです。

愚痴や悪口ばかり言っている人の周りには、愚痴や悪口を言うことが好きな人が集まります。同じ波動の人が集まってしまうのです。ますます愚痴や文句を言う機会が増えていく一方です。このループからは抜け出したいですよね。

また、あなたが人と話しているシーンを思い出してください。愚痴や文句ばかり言っている人の話を聞いていたら……。その聞き役にまわるのはきついですよね。

でも、あなたはそれを言葉に出して相手に告げますか？　たいていの場合、心にしまったまま、その人と距離を取ろうとするのではないでしょうか？

気づかないうちに人が離れていったり、「あの人は愚痴や文句ばかり言う人」とレッテルを貼られてしまいます。聞いている人の「嫌だな」という思いが邪気となって残るのです。

そして、何より、これが一番大切なのですが、あなたがもし愚痴や文句ばかり言っていたら、その言葉を一番聞いている人は、誰ですか？

そう、あなた自身です。あなた自身の耳が、毎回その愚痴や文句を聞いて、潜在意識にその言葉を刻みこんでいることになるのです。

その結果、マイナスの思いを自分で自分に強く刻印することになってしまいます。

あなたの耳がプラスの言葉をたくさん聞くように、あなたの言葉を選んでくださいね。

日本には「言霊」という考え方や慣習が強く残っています。ダジャレのように思うかもしれません。良い言葉を生活の中で使うように設定して、開運するようにしているのです。

お正月には、マメに働けるように「黒豆」や、喜ぶように「昆布巻き」を食べたり……数えあげたらキリがありません。言葉の持つ力をよく知っていたのですね。

あなたが落ち込んでいるとき、音楽の歌詞に勇気づけられたことがありませんか？

本や映画のセリフに「また頑張ろう」と励まされたことはありませんか？

言葉の力を信じてください。そして、自分の耳に、自分の潜在意識に、プラスの言葉をプレゼントするようにしてください。

だからといって、四六時中楽しくいられるわけではないですよね。

いつも明るい言葉ばかり使えるわけでもないです。

大丈夫です。一言でもプラスの言葉を増やしていく。一言でも愚痴や文句の言葉を減らしていく。そこからスタートすればいいのです。

自分で自分にマイナスの暗示をかけない。呪いをかけない。それが一番の浄化・邪気除けとなるのです。

3 成功者　影響力のある人

これは、有名人に有名税があると言われるように、成功すれば妬まれることもあります。オーラ鑑定でも、優秀な人ほど、その人を妬んでいる生霊の存在がみえます。

本人は、直接、悪いことをしたわけではないので、やっかいな問題と言えます。

気にしないことが一番なのですが、意地悪をされたり、根も葉もない悪口を言われる実害を受けている方もいます。

この場合は、縁切りをしていくしかありません。

これまでお話しした「スマホ風水」や「浄化法」での縁切りを実践していただくことはもちろんですが、邪気除けや浄化にご利益のある神仏のお力を借りることも考えてください。

また、成功者や有名人は憧れの存在である一方で、その言動には大きな力があります。自分の知らないところで、その言葉に傷つく人がいることもあるのです。難しい問題ですが自分の立ち位置を知ることも大切です。

この有名人や成功者は、今は社会で活躍している人だけではありません。ＳＮＳが大きな力を持ち、社会にも影響を与えています。

そのフォロワー数に関わりなくＳＮＳを発信している人は、影響を持つ人と言えます。読んでいる人にとって、その発言は邪気にもなり、邪気を受ける原因にもなるのです。また影響力を持つ人は、思考のかたよりで、邪気を発する人にもなることもあります。それは、成功すること、有名になることだけが大切なこととなり、欲望や煩悩の固まりになってしまうからです。

そんなときは、邪気を発するというより、邪気そのものの存在になってしまいます。どこに価値を置くべきかを忘れない姿勢が問われます。

良いサービスを提供する、人の力となる作品を発信するなど、自分のやるべきことを通じて、邪気ではなく勇気や元気を与える存在になってくださいね。

4 繊細な人

いろいろなことに敏感に反応する人は、生きづらさを感じることも多いでしょう。邪気をとても受けやすく、それを発散しにくいタイプだと言えます。

でも、これも、やはり秀でた能力である場合が多いのです。人よりも敏感に察知する能力を生かして活躍されている人もたくさんいます。

また、危険を察知する能力が強く、自分ではしんどい思いをされていても、他人から見ると大きな失敗は少ないこともあります。だからこそ、人に理解されない悩みを抱えてしまいます。

優しい性格で人から好かれることも多いかもしれません。でも、本人はプレッシャーを感じてしまいます。

自分で自分を攻撃する邪気にやられていると言えるでしょう。そしてマイナスの感情を内に溜めこんでしまいます。

このような場合、自分の繊細さを生かした道を選ぶことも大切です。また、溜まったマイナスエネルギーを浄化することを考えてください。

瞑想や運動などで発散するのも効果的。また、浄化のお力の強い神仏にお頼りするのもいいでしょう。

一方、繊細な方というのは、周囲から見てもなんとなくわかるものです。オーラ透視をすると、ピリピリした波動を持っています。

周りも扱い方に困る場合も多いのです。たとえば、話していると、自分もオープンハートになれると感じる人がいますよね？

それとは反対に、相手がちょっとした言葉にも過剰反応している様子がわかると気を遣ってしまいませんか？　また、心を開いてくれていないこともなんとなくわかるものです。

邪気を発するというより、この場合は、相手のエネルギーを奪う人、エネルギーヴァンパイアという邪気になってしまいます。

自分の内面にばかり目を向けずに、相手の内面を思いやる心を持ってくださいね。敏感な感性を生かせば必ず出来るはずです。

5 嫉妬心の強い人

誰かと比べて自分を卑下したり、反対に嫉妬の気持ちをあらわに攻撃を仕掛ける人がいます。どちらも邪気を発するタイプと言えるでしょう。

人の魅力はそれぞれ。また、評価する人との相性もあります。

ある人には評価されなくても、別の人にとっては最高の存在ということは、恋愛や結婚ではよくあるパターンです。

誰かと比べる癖をやめる。また、自分が評価される場に移動することも考えてください。「人に勝ちたい」という気持ち自体は悪いものではありません。成功している人は必ずと言ってよいほど、負けず嫌いです。

また、犬でも、飼い主が自分とは違う犬に愛情を示せばヤキモチを焼くものです。自分が一番愛されたい、認められたいという思いはごく自然な感情です。罪悪感を持つ必要はありません。

しかし、相手や自分自身に対する攻撃になってしまうと、それは邪気となります。相手を攻撃したり、自分を卑下したりすることは、邪気に隙をみせることにもなります。

そのような人は、ずっとよそ見運転をしているようなものだからです。

逆に、それをモチベーションとする生き方をすれば、誰よりも結果を出せる人となるでしょう。

勝つために、愛されるために、何をすべきか、自分の行くべき道をまっすぐに見て運転しないと事故になってしまいます。よそ見をしないで、安全運転を心がけてくださいね。

6 決断ができない人

物事が決められなくて、いつもぐずぐずしてしまう人がいます。

どんな心がその奥にあるかを見極めることが大切です。

たとえば絶対に成功するという保証がないと、一歩を踏み出せない人がいます。「絶対信者」と、わたしは呼んでいます。

この世には絶対はないもの。絶対を求める心の裏には「失敗したくない」「損をしたくない」という心がひそんでいます。

そのケチな心が、実は邪気を引き寄せているのです。お金であれ、運気であれ、循環が開運の鍵です。流れを止めるとよどみになります。

水をイメージすればわかりますが、よどみには、汚れやカビなどの邪気が発生します。動きのないものは、邪気を引き寄せやすくなるのです。

だからといって、無理に決める必要はありません。流れを作ればいいのです。環境を変えたり、いつもと違うアプローチを試みたりして動きを作ってみてください。「答えを出さなくては！」と焦らなくても、環境や視点が変わることで見えてくるものがあるはずです。

また、決められない人の心の奥に責任を回避したいという気持ちや依存心が強い場合もありますよね。自分が寄りかかった人に、責任という邪気を押し付けてしまいます。いつも人に自分の権限を託してしまうことは、もちろん自分が留守になるわけです。家をイメージしてください。留守ばかりの家は泥棒が入りやすいですよね。邪気も同じです。入りやすい状態となっているのです。

玄関にしっかり鍵をかけてください。物事を決められない人の場合、小さな成功体験を積むことが大切です。

ランチメニューを決めたり、旅行の行き先を決めるとき、「みんなと同じでいいです」と言わない。そんなことから始めてみてくださいね。

失敗してもそれを楽しむくらいのいい加減さも大切です。実は物事を決められない人は、自分に厳しく、失敗を許せないタイプの人も多いのです。

自分を許す、受け入れる。そして少しずつ成功体験を増やしていく。そんなアプローチをしてください。勝負運に強いといわれる神仏にお願いしてみてもいいでしょう。


いかがでしたか？　このほかにもいろいろなパターンがあると思います。

邪気を受けやすい人、発しやすい人は、家や場所でイメージするとわかりやすいかもしれません。

流れが止まってよどみになっているところ。

意識が他に行きすぎて、自分がお留守になっているところ。

意識が自分に向きすぎて、周りの状況が見えなくなっているところ。

陰になって陽がささないところ。

他によりかかって立っていて自分の地盤が弱いところ。

自分のあり方をハザードマップに置き換えて、どんな場所に立つ、どんな建物なのかチェックしてみてくださいね。

そして、邪気に入られない、邪気を発しない、そんな人生の設計図を描いてみてくださいね。

この世には絶対成功する方法などない！
絶対を求める「ケチな心」が
邪気を引き寄せている！

おわりに

40歳の誕生日の数日前、わたしは臨死体験をしました。振り返ると、わたしのそれまでの人生は、羅針盤を持たないまま、自分の感情や環境に振りまわされていたように感じます。

側から見たら、好きな仕事で活躍して幸せそうに見えたかもしれません。でも心の中はいつも不安や嫉妬、欲望に揺れ動いていました。

そんなわたしが、死の淵で、走馬灯のように自分の半生を見たとき、人生というのは出来事ではなく、心の在りかたで紡がれているのだと知ったのです。

「こんなことがあった」「あんなことがあった」

ではなく、

「こんなことを、こんな心で受け止めていた」
「あんなことを、こんな気持ちで捉えていた」

こんなふうに振り返るのです。

それ以来、わたしはいつも意識しています。


「人生は、出来事時間ではなく、心時間。だから、心を整えることが一番大切」


そして、その後、占いの学びを深め、オーラ透視でお客さまの潜在意識を透視するたびに、心の深い部分の状態が、大きく現実に影響を与えていることを知ることになりました。

そして、占いの学びの延長として、日本人の開運方法を学ぶことになったわたしは、日本人の暮らし方にこそ、その心を整える鍵があると気づいたのです。

日本人ほど「運が良くなりたい！」と願い、実践してきた民族はないのではないでしょうか。

なぜなら、日本では、生活そのものに、開運するための仕組みがたくさん組み込まれているからです。

日本人にとっての開運は、何か特別なことをすることではありません。

生活そのものが開運につながるように設計されているのです。

開運につながる衣服を身につけ、開運につながる家に住み、開運につながる食べ物を食べて、開運につながる行事をする。

そしてまた、その開運方法は、何か良いことを引き寄せることより、悪いことを寄せつけないことに大きな比重が置かれています。

災害や疫病、戦など、多くの災いを受けながらも再生してきた歴史。邪気を寄せつけない、悪いエネルギーを浄化することこそ、幸せにつながると気づいたのでしょう。

わたしはそこにこそ、開運の大きなヒントがあると確信しています。

浄化・邪気除けの生活。その根本にある考え方は「ていねいに暮らす」ことです。

衣服や道具などの物を、そこに魂があるように感謝して使い、感謝の気持ちとともに捨てたり、供養したりしてきました。

行事のときは、運の良くなる食べ物を食べたり、飾ったり……。

言霊を大切にして、運の良くなる言葉を物に名づけ、特別に意識しなくても、その言葉を口にするようにしました。

家の玄関や鬼門など、大切な場所はきれいに掃除をして、マイナスの気を払うことを重要としました。

事例を数えあげたらキリがありません。

よく「占いに頼るのは弱い人」「スピリチュアルを信じるのは逃げているから」という

声を聞きます。

もちろん、何でもかんでも占いで決めて、自分の意志を捨ててしまうことは論外です。

でも、何でもかんでも自分で決めて、自分で頑張って、自分で結果を出すべきだという考え方もまた、偏ったものです。この考え方に追い詰められ、苦しんでいる人もたくさんいます。


自力と他力。

現実の努力と見えない世界の運。

心と行動。


どちらかひとつに偏るのではなく、この2つの世界を上手にコントロールすることが、日本人の開運の考え方です。

八百万《やおよろず》の神とは、八百万……この世の中のすべてのこと、つまり森羅万象に開運の鍵があるということです。

そして、その森羅万象を大切にする生活こそが、日本人が育んできた「ていねいな生活」なのです。

あなたの言葉の一つ一つを、悪いエネルギーを自分の耳に届けない、良いエネルギーを引き寄せるように発してくださいね。

あなたの使う物の一つ一つを、あなたを助ける味方となるように扱ってくださいね。

あなたの生活の一つ一つが、邪気を除け、マイナスエネルギーを浄化し、運を開くものであるように暮らしてくださいね！

きっとその積み重ねが、あなたの人生という心時間を、悔いのない豊かな時間にしてくれるのです。

この本の表紙のスマホの画像を見てください。鳳凰が描かれています。スマホを見るたびに鳳凰のパワーが心に刻まれるように設定しました。

鳳凰は、吉兆を告げると言われる霊鳥です。幸せに満ちあふれた世界を引き寄せるパワーを持っています。

鳳凰のように、あなたの生活に、たくさんの幸せの兆しを設定して具現化する。この本があなたにとってそんな存在でありたい。そう、わたしは心から祈っているのです。

最後に、この本をプロデュースしてくださった我妻かほりさん、編集してくださった戸塚健二さん、さくら舎代表・古屋信吾さんに心からのお礼を申し上げます。未熟なわたしに、ていねいにていねいに伴走していただき、本当にありがとうございました！

著者プロフィール

占い師。声優。

東京・中野区の呉服屋の娘として生まれる。

1997 年、突然の臨死体験を機に、霊能者である祖母の能力を受け継ぐ。その後、各種占いの研鑽を積む。その的中率が話題となり、マスコミで活躍。

フジテレビ「とくダネ！」のレギュラー占いコーナーや、フジテレビ「突然ですが占ってもいいですか？」などに出演し話題沸騰。現在、予約は 2 年待ちの人気占い師。

占いコンテンツ「魂の憑代」は累計 50 万人のユーザーを誇る。真言宗阿闍梨、香司、和柄研究家として、和の開運法も伝えている。

声優としては、青二プロダクションに所属し、35 年のキャリアを持つ（芸名　寺瀬今日子）。代表作は、フジテレビ「とくダネ！」やテレビ朝日「世界が驚いたニッポン！スゴ～イデスネ!!視察団」のナレーション、「進撃の巨人」モーゼスの母役、ゲーム「メタルギアソリッド」メリル役など。

主な著書に、『開運和柄ぬり絵』（サンマーク出版）、『ちび魔女ねこぴと 48 人の女神　うらないパーフェクト BOOK』（小学館）などがある。

幸運《こううん》が舞《ま》い込《こ》む浄化《じょうか》・邪気除《じゃきよ》け生活《せいかつ》
——「スマホ風水《ふうすい》」は最強《さいきょう》の開運法《かいうんほう》

二〇二一年四月九日　第一刷発行
二〇二一年五月二日　第二刷発行

著者　富士川碧砂《ふじかわみさ》

発行者　古屋信吾

発行所　株式会社さくら舎　http://www.sakurasha.com
東京都千代田区富士見一-二-一一　〒一〇二-〇〇七一
電話　営業　〇三-五二一一-六五三三　FAX　〇三-五二一一-六四八一
編集　〇三-五二一一-六四八〇
振替　〇〇一九〇-八-四〇二〇六〇

写真　高山浩数

挿絵　都倉聖司

イラスト　森崎達也（株式会社ウエイド）

本文DTP　土屋裕子（株式会社ウエイド）

装丁　アルビレオ

印刷・製本　中央精版印刷株式会社

ISBN978-4-86581-290-9